Gudrun Maurer

Legendäre Orte

IN HAMBURG

Was passierte wo?

Inhalt

Inhalt

Willkommen im legendären Hamburg

Hamburg steckt voller geschichtsträchtiger Orte, die entdeckt werden wollen – die Speicherstadt, zum Beispiel, oder der berühmt-berüchtigte Kiez in St. Pauli. Aber auch die Elbphilharmonie, die sich immer noch im Bau befindet, obwohl sie eigentlich schon 2010 hätte eröffnen sollen, und damit so umstritten ist wie kaum ein anderes Bauprojekt in Hamburg, kann man als »moderne Legende« bezeichnen. Denn zumindest durch die Bauverzögerungen ist sie in aller Munde. Und ist es nicht das, was Orte legendär macht – dass man über sie spricht?

WER

Gudrun Maurer, Jahrgang 1963, ist begeisterte Wahl-Hamburgerin. Die studierte Geografin und Historikerin hat zahlreiche Reiseführer verfasst.

Dieses Buch stellt 33 Orte vor, die aus unterschiedlichsten Gründen zu Berühmtheit gelangten und auch heute noch im Stadtbild zu finden sind. Dazu zählen bekanntere Bauten wie der Michel, das Deutsche Schauspielhaus oder das Millerntor-Stadion, aber auch unbekanntere Orte wie der Schellfischtunel, von dem selbst viele Hamburger nicht einmal wissen, dass er existiert.

Jeder der 33 Orte hat eine interessante Geschichte zu erzählen. Mal ist diese spannend, wie die der Wasserkunst Kaltehofe, wo der Cholera der Garaus gemacht wurde, oder die der Auswandererhallen auf der Veddel, wo vor nicht einmal 100 Jahren 190 000 Menschen auf ihre Fahrt nach Übersee warteten. Mal ist diese komisch, wie die Geschichte der Eppendorfer Grillstation oder die der Litfaßsäule am Carl-von-Ossietzky-Platz in St. Georg.

Das »Tor zur Welt«, wie Hamburg gern genannt wird, hat durch seine unterschiedlichsten kulturellen Einflüsse einfach eine Menge zu bieten. Dieses Buch führt Sie zu den Spuren der heterogenen Geschichte der stolzen Hansestadt und ihrer einstigen Nachbarstadt Altona und erzählt Ihnen aufschlussreich die Geschichten hinter den einzelnen Orten. Durch eine Vielzahl an historischen und aktuellen Bildern, Zeittafeln und aktuellen Hinweisen wird jeder Ort neu erlebbar.

De Tidenstieg kümmt bitieden, de HVV kummt ümmerto.

Das Wahrzeichen Hamburgs

Er überragt Hamburgs Zentrum und ist das Wahrzeichen der Stadt, der Kirchturm von St. Michaelis, kurz **Michel.** Täglich morgens und abends bläst der Türmer, auch Turmtüter genannt, mit der Trompete einen Choral in alle Himmelsrichtungen – eine Tradition, die während der Reformation in Hamburg eingeführt wurde und seit über 300 Jahren gepflegt wird. Jeden Tag schallt ein anderes Lied aus den geöffneten Fenstern, das, wenn der Wind günstig steht, bis in die geschäftige City zu hören ist. Von der Aussichtsbalustrade hat man einen spektakulären Blick über Stadt und Elbe. Vor allem nachts ist der Blick über die erleuchtete Hansestadt atemberaubend.

Wer zum Michel hinaufblickt, wird feststellen, dass die Turmuhr riesig ist. Mit einem Durchmesser von 8 Metern ist sie die größte Deutschlands. Jeder Zeiger wiegt satte 130 Kilogramm. Nicht weniger imposant ist auch das überwiegend in Weiß gehaltene Kirchenschiff mit seinen goldfarbenen Barock-Verzierungen, das 52 Meter lang ist und 2500 Besuchern Platz bietet. Häufig finden hier Orgelkonzerte statt, die viel besser besucht sind als die Gottesdienste. Überhaupt scheint sich der Michel in letzter Zeit in eine Event-Location zu verwandeln. Derzeit ist sogar der Bau eines Besucherzentrums geplant, für das ein Pfarrhaus abgerissen werden muss.

Kaum etwas am Michel ist noch original. 1661 nach zwölfjähriger Bauphase eingeweiht, wurde der Kirchturm 1750 bei einem heftigen Gewitter von einem Blitz getroffen und der Michel brannte bis auf die Grundmauern nieder. Die Kirche wurde wieder aufgebaut und 1762 eingeweiht. Doch etwas fehlte: der imposante Kirchturm. Der erstrahlte erst 24 Jahre später endlich wieder in neuer Pracht. Im Jahre 1906 kam es jedoch erneut zu einem verheerenden Unglück. Bauarbeiter wollten an der Südseite des Turms einige Kupferplatten erneuern und benutzten dafür eine Benzinlötlampe, wodurch aus ungeklärter Ursache ein Brand ausbrach. Turm und Kirche wurden völlig zerstört, anschließend mit viel Stahl und Beton wieder aufgebaut, im

WO

St. Michaelis

Hamburg-Neustadt | Englische Planke 1 | (040) 37 67 80 | www.st-michaelis.de | S-Bahnhof Stadthausbrücke

Öffnungszeiten November bis April tägl. 10–18 Uhr, Mai bis Oktober tägl. 9–20 Uhr | Turmbesichtigung ab 16 Jahre 4 €, 6–15 Jahre 3 € | Krypta ab 16 Jahre 3 €, 6–15 Jahre 2 €

Der 132 Meter hohe Turm des Michels diente früher als Orientierung für die auf der Elbe nach Hamburg segelnden Schiffe

Zweiten Weltkrieg jedoch erneut stark beschädigt. Von 1983 bis 2009 wurde der Michel schließlich für eine hohe Summe umfassend erneuert.

Frisch saniert ist auch das Gruftgewölbe, die so genannte **Krypta,** die im Gegensatz zu Turm und Kirchenschiff komplett original erhalten ist. Sie hat denselben Grundriss wie die Kirche, ist aber sehr viel niedriger. 52 stämmige, roh behauene Granitpfeiler tragen das Kreuzgratgewölbe der Decke. In die Krypta geht es durch ein unscheinbares Türchen in der südlichen Stützmauer oder durch die Turmhalle.

Ist man die Treppe hinuntergestiegen, steht man auf mehreren Schichten Toter. Die Gebeine der meisten Verstorbenen, die hier vor hunderten von Jahren beigesetzt wurden, liegen bis heute unter den steinernen Grabplatten, die den Fußboden bilden. Berühmtestes Grab in der größten Krypta Nordeuropas ist das des Komponisten Carl Philipp Emanuel Bach, dem berühmtesten Sohn von Johann Sebastian Bach. 1788 wurde er hier bestattet.

Damals waren pompöse Trauerfeiern üblich. Die Beisetzung erfolgte nach Möglichkeit im Inneren einer Kirche, notfalls auf dem Kirchhof möglichst nah am Gotteshaus. In der Regel lagen die Toten aber direkt unter dem Fußboden des Kirchenschiffs – was zu heute unvorstellbaren Geruchsbelästigungen führte und außerdem in seuchenhygienischer Hinsicht eine Katastrophe war. Schon zu Zeiten

Im schummrigen Gruftgewölbe liegen über 2000 Tote unter schlichten Grabplatten

der Pest im 17. Jahrhundert hatte man die Vermutung, dass Ausdünstungen der am »Schwarzen Tod« Gestorbenen die Gesunden anstecken könnten.

So plante man für den 1786 vollendeten Neubau von St. Michaelis einen abgeschlossenen Raum unter dem Kirchenschiff, wo die Lebenden den Toten beim sonntäglichen Gottesdienst nah sein konnten. Denn das war unter Christen seit dem Mittelalter Sitte – anders als bei den Juden, die ihre Toten auf von den Synagogen weit entfernten Friedhöfen beisetzten (▶ Seite 65).

Gleichzeitig war das neuartige Gruftgewölbe eine gute Möglichkeit, um den Kirchenbau zu finanzieren. Denn die Grabstellen konnten teuer verkauft werden: Je näher am Altar, desto kostspieliger die Gruft. Insgesamt entstanden 260 Grabstellen von jeweils vier Metern Tiefe, in denen bis zu 18 Tote beigesetzt wurden.

St. Michaelis

1606 Ausbau einer Kapelle außerhalb der Stadtmauern zu einer kleinen Michaeliskirche

1647–1661 Bau der ersten großen Michaeliskirche in der Neustadt

1750 Brand durch Blitzschlag

1750–1762 Wiederaufbau im Stil des Barock

1777–1786 Neubau des Kirchturms

1906 Vernichtung der Kirche durch erneuten Brand

1906–1912 Wiederaufbau

1943–1945 Großflächige Zerstörung durch Bombenangriffe

1952 Wiedereinweihung der Kirche

1983–2009 Umfassende Sanierung der Kirche

Zunächst funktionierte das Geschäftsmodell glänzend, doch schon 1812 machten die Franzosen den Hamburgern einen Strich durch die Rechnung. Die Besatzer verboten generell Beerdigungen innerhalb der Stadt. Sie duldeten nur einige Ausnahmen, und 1817 fand die letzte Bestattung unter dem Michel statt.

Insgesamt sind 2145 namentlich bekannte Tote unter sehr schlichten Grabplatten in der Michelgruft beigesetzt worden. 2004 wurden sechs Gruftkammern geöffnet. Zum Vorschein kamen einige erstaunlich gut erhaltene Särge, in denen – noch teilweise bekleidet – Skelette lagen. Überreste der Kleidungsstücke sind heute in der Ausstellung »Michaelitica« in der Krypta zu sehen. Außerdem werden hier unter anderem historische Urkunden, originale Michel-Bauteile und Fotos vom Kirchenbrand im Jahr 1906 gezeigt.

Im Zweiten Weltkrieg diente das Gruftgewölbe als Luftschutzbunker und Notkirche. Während der Sanierungsarbeiten im Kirchenschiff im Jahr 2009 fanden hier Gottesdienste statt.

Wo man klassisch über die Alster schippert

Sobald ein Lüftchen weht, sind sie auf dem Wasser: die Hamburger Segler. Ihr exklusivstes Revier ist die Außenalster im Herzen der Stadt. Auch Ruderer, Paddler und Tretbootfahrer lieben diese Wasserfläche. Und damit sich die Wassersportler nicht in die Quere kommen, gilt auf dem See die Regel »rechts vor links«. Nur einer hat immer Vorfahrt: die Berufsschifffahrt – strahlend weiß lackierte Ausflugsschiffe aller möglichen Bauarten. Das älteste ist die **St. Georg,** ein echter Dampfer. Seit 1994 ist er wieder auf dem Gewässer unterwegs, für das er 1876 gebaut wurde.

Die bis zu 4,5 Meter tiefe Außenalster ist ein künstlicher See, zu dem das Flüsschen Alster schon im 13. Jahrhundert aufgestaut wurde. Zum einen regulierte man so die häufigen Überschwemmungen, zum anderen schuf man einen gleichmäßigen Wasserablauf, an dem eine Mühle betrieben werden konnte. Die Trennung von riesiger Außen- und winziger Binnenalster geht übrigens auf die Befestigung Hamburgs im frühen 17. Jahrhundert zurück. Die Binnenalster lag innerhalb des wehrhaften Walls, der einzige Durchlass befand sich an einer kleinen Holzbrücke, der **Lombardsbrücke.**

Schon vor Jahrhunderten liebten die Hamburger das Segeln und das Rudern, per Boot gelangten sie von der Innenstadt zu ihren Ausflugsgaststätten in den Vororten Harvestehude, Winterhude und Uhlenhorst. Und von den Bauernhöfen rund um die Alster schipperte man Gemüse und Milch zum Jungfernstieg. Daneben gab es schon früh eine Art **Alsterfähren** in Form klobiger Ruderboote. Ab und an nahmen auch die Transportkähne Fahrgäste mit, alles in allem eine relativ unorganisierte Angelegenheit.

Das änderte sich Mitte des 19. Jahrhunderts, als ein Bremer Versicherungsmakler namens Droege die Genehmigung für regelmäßige **Dampfschifffahrten** auf der Alster beantragte. Sie wurde mit vielfältigen Begründungen abgelehnt, auch um den lokalen Bootsvermietern und Fährleuten die neumodische Konkurrenz vom Hals zu halten. Doch der Bremer blieb hart, bis man ihm 1856 für drei Jahre den Betrieb eines Alsterdampfers gestattete – allerdings mit monatlicher Kündigungsmöglichkeit. Fahrplan und Preise

Alsterdampfer St. Georg

Hamburg-Altstadt | Jungfernstieg | Anleger 4 |
(040) 792 25 99 | www.alster-dampfer-hamburg.de |
U-/S-Bahnhof Jungfernstieg

Fahrten April–Oktober tägl. 10.45–16.45 Uhr (stündlich), 10 €/mit HamburgCard 7,50 €, bis 15 Jahre gratis

diktierten die Hamburger Behörden. Schließlich scheiterte das Vorhaben am Dampfschiff, denn der an der Nordsee gebraucht gekaufte Raddampfer sank 1857 auf halber Strecke.

Aufgeben wollte Droege aber nicht, und so ließ er in Koblenz einen Raddampfer bauen, der noch im selben Jahr in Hamburg eintraf. Dummerweise erwies er sich als zu breit für die Alsterschleusen und Brückendurchfahrten, sodass Droege ihn schließlich entnervt verkaufte. Einem Hamburger Schiffsmakler war wenig später mehr Glück beschieden. Er bestellte einen kleinen Schraubendampfer nach schwedischem Vorbild, der Mitte Juni 1859 die Betriebserlaubnis für die Alster bekam. Seitdem starten am Jungfernstieg die **Alsterdampfer.**

Das Dampfboot-Wartezimmer unter der Lombardsbrücke ist heute fest verriegelt

Um den Andrang zu bewältigen, kamen mit der Zeit etwas größere Schiffe dazu, darunter 1876 die besagte St. Georg, die damals »Falke« hieß. Ein Jahrzehnt später verkehrten schon über 20 Personenfähren im Liniendienst, der bis 1983 Teil des öffentlichen Nahverkehrs war. Seit 1901 tragen die Alsterdampfer einen einheitlichen Anstrich in Weiß. 1935 ergänzte das erste Dieselmotorschiff die Alsterflotte, 2000 kam ein Solar-Katamaran hinzu. Die Dampfschiffe wurden nach und nach außer Dienst gestellt.

Die St. Georg verschlug es nach dem Zweiten Weltkrieg nach Berlin, wo sie unter verschiedenen Namen den Wannsee befuhr. Als sie 1988 verschrottet werden sollte, gründete sich der Verein Alsterdampfschiffahrt. Ihm gelang es, den Dampfer in Dresden restaurieren und seit 1994 wieder über Hamburger Gewässer tuckern zu lassen. Wie damals sind neben dem Kapitän ein Heizer und ein Fahrkartenverkäufer an Bord – auch wenn man seit neuestem die Tickets einen Euro teurer im Internet kaufen kann.

Alsterdampfer St. Georg

1876 Jungfernfahrt der St. Georg, damals »Falke«

Nach 1945 St. Georg fährt auf dem Wannsee in Berlin

1988 St. Georg soll verschrottet werden, wird stattdessen restauriert

Seit 1994 ist St. Georg wieder in Hamburg unterwegs

GESCHICHTE

VEREIN ALSTERDAMPFSCHIFFAHRT E. V.

Rundfahrt

Auf dem Alsterdampfer St. Georg kann man wie im 19. Jahrhundert gemüt- lich über die Außenalster schippern

Wo Panik-Udo wohnt

Ende März 2012 bekommt Udo Lindenberg in Berlin zwei »Echos« verliehen, einen als bester Künstler Rock/Pop und einen für seine DVD »MTV Unplugged – Live aus dem Hotel Atlantic«. Er ist auf dem Höhepunkt seines Ruhms, gilt als eine Art Gesamtkunstwerk. Inzwischen ist Lindenbergs musikalische Hommage an seinen langjährigen Wohnsitz, das Hotel Atlantic, ein Megaseller. Auch wenn die Aufzeichnung gar nicht im legendären Hotel stattgefunden hat, sondern in einer nachgebauten Hotelbar im Kulturzentrum Kampnagel.

In der echten Bar des First-Class-Hotels an der Außenalster ist der Altrocker seit fast 20 Jahren ab und zu anzutreffen, allerdings meist zu sehr später Stunde. Dann verlässt er seine Suite im zweiten Stock gern mal auf einen Drink oder zwei. Udos Dauerwohnsitz Atlantic und sein sporadisches Erscheinen in Bar oder Lobby haben ihr Gutes für beide Seiten: Erstklassiges Wohnen für den Künstler und quasi unbezahlbare Werbung für das jüngst komplett sanierte Kempinski-Haus.

Das Hotel in den 1950er Jahren ...

Frisch gestrichen leuchtet seine weiße Fassade Tag und Nacht über der Außenalster, denn nachts wird das seit 2010 denkmalgeschützte Hotel angestrahlt – dank einer Ausnahmegenehmigung, denn Hamburg reglementiert die Illuminierung von Gebäuden sehr streng. Bei Dunkelheit leuchtet auch der markante Globus oberhalb der Präsidentensuite im vierten Stock, das von zwei barbusigen Karyatiden gehaltene Wahrzeichen des Hotels. 1997 schrieb es Filmgeschichte, als Pierce Brosnan alias James Bond im Film »Der Morgen stirbt nie« dort herumkletterte.

Eröffnet wurde das damals mit Abstand beste und modernste Hotel der Stadt am 2. Mai 1909, also wenige Jahre nach Fertigstellung des Hauptbahnhofs, in dessen unmittelbarer Nähe es liegt. Diesen Standort wählte der Gründer, Adolf C. Eberbach, mit

Bedacht. Er erwartete vor allem Gäste, die eine Transatlantik-Passage auf einem HAPAG-Dampfer (▶ Seite 114) gebucht hatten, und per Bahn nach Hamburg reisten. Bei der Finanzierung war er jedoch nicht so bedächtig vorgegangen, und so musste Eberbach sein mondänes Haus noch vor der Eröffnung verkaufen.

Hotel Atlantic Kempinski Hamburg

Hamburg-St. Georg | An der Alster 72–79 | (040) 28 88-0 | www.kempinski.com/de/hamburg | U-/S-Bahnhof Hauptbahnhof

Betreiberin wurde die **Berliner Kaiserhof-Hotel AG,** die den damals berühmten Gastronomen Franz Pfordte als Restaurantchef engagierte. Wer im Atlantic speisen wollte, musste frühzeitig reservieren – oder einen berühmten Namen tragen.

Und die Berühmten gaben sich im Atlantic die Klinke in die Hand. Wer hat nicht alles hier logiert? Josephine Baker, Gary Cooper, der Dalai Lama und immer wieder Hans Albers, außerdem gekrönte und ungekrönte Staatsoberhäupter aus aller Welt. Später residierten Stars wie Michael Jackson und die Rolling Stones im Hotel.

Der unaufdringliche Service des Hauses versucht zu jeder Tages- und Nachtzeit allen Wünschen gerecht zu werden und erfüllt selbst außergewöhnliche Anliegen. Das exotischste war wohl der nach einem lebenden Dromedar, das orientalische Geschäftsleute zu Werbezwecken beim Portier orderten. Der wusste sich zu helfen und fragte bei Hagenbeck (▶ Seite 86) an – und tatsächlich stand am nächsten Tag das gewünschte Wüstentier in der Lobby.

Aber das Haus hat auch Zeiten mit weniger Glanz gesehen. Bereits im Steckrübenwinter des Ersten Weltkriegs hatte die Küche ihre Mühe, hochwertige Lebensmittel zu beschaffen. In der Nazi-Zeit wurde das Angebot zeitweise auf Eintopfgerichte beschränkt, die schon bei der Bestellung bezahlt werden mussten. Denn

... und heute

jederzeit konnte ein Fliegeralarm den Restaurantbesuch beenden. Den Bombenhagel überstand das Haus an der Alster allerdings relativ unbeschadet, vielleicht auch, weil die Briten es als künftiges Standortquartier ausersehen hatten. Nach der Siegesfeier zum Ende des Zweiten Weltkriegs bezogen Offiziere und einige britische Familien das Grandhotel, ab 1946 durften sie auch deutsche Gäste einladen – das Fraternisierungsverbot war inzwischen aufgehoben worden.

Anfang 1950 gaben die Briten das Atlantic in deutsche Hände zurück, doch die Geschäfte liefen zunächst schleppend. Kaum jemand hatte Geld für teure Hotelaufenthalte. Mit dem Wirtschaftswunder verbesserte sich die Situation, das Hotel wurde Schauplatz der Film- und Theaterstar-Verehrung der Nachkriegsjahre. Autogrammjäger belagerten nun den prächtigen Eingang am Holzdamm, um ihre verehrten Stars abzupassen.

Markenzeichen und Filmkulisse: 1997 kletterte James Bond alias Pierce Brosnan am Globus des Hotels entlang

2004 trafen sich Wladimir Putin und der damalige Bundeskanzler Gerhard Schröder zum Deutsch-Russischen Gipfeltreffen im Hotel Atlantic, das für zwei Tage streng abgesichert wurde. Im gleichen Jahr wurde das erste Privatkino der deutschen Hotellandschaft eröffnet. In einem 35 Quadratmeter kleinen Raum können bis zu acht Personen Filme auf einer Großleinwand in ungestörter Atmosphäre sehen – in Kinosesseln, die im Rhythmus des Films vibrieren können.

2009 feierte das Hotel Atlantic sein 100-jähriges Jubiläum mit einem Jahrhunderttanztee, zu dem rund 400 Stammgäste, Persönlichkeiten aus Politik und Gesellschaft sowie zehn 100-jährige Hamburger eingeladen wurden. Ein Jahr später begann das Hotel, welches kurz zuvor seine Sterne aufgeben musste, mit einer umfassenden Restaurierung der Zimmer. Seit März 2012 sind alle Zimmer fertig und wieder bewohnbar. Und auch seine Sterne hat das Luxushotel wieder bekommen.

Wer Deutschlands berühmtesten Hutträger treffen will, der kann sich abends auf einen Drink in die Hotelbar setzen und sein Glück versuchen. Zumindest Udo Lindenbergs Likörelle, seine mit farbigen Alkoholika und leichter Hand gemalten großformatigen Bilder, wird er dort zu sehen bekommen.

Wo einst Blumen verkauft wurden

Freitag Nachmittag ist Biomarkt auf dem Carl-von-Ossietzky-Platz im hippen Stadtteil St. Georg nah am Hauptbahnhof. Am nordfriesischen Gemüsestand kaufen junge Menschen nach langem Überlegen zwei Tomaten und eine Mini-gurke oder ein paar frische Champi-gnons fürs Abendessen. Der Schlach-terstand ist das Revier der älteren Bewohnerinnen von St. Georg. Hier wird gemütlich geklönt, bevor man sich ein besonderes Stück Fleisch für den Sonntagsbraten empfehlen lässt. Nebenan gibt's frische Nudeln, und bei gutem Wetter baut auch die Töpferin ihr Sortiment an rustikaler Keramik auf.

Kommunale Litfaßsäule

Hamburg-St. Georg | Carl-von-Ossietzky-Platz | U-/S-Bahn-hof Hauptbahnhof

In der warmen Jahreszeit sind sogar biologisch angebaute Blumen aus der Region im Angebot. Dann erinnern sich ältere St. Georgerinnen und St. Georger veilleicht an den kuriosen Blumenstand, der bis 1992 auf dem Os-sietzkyplatz existierte. Die Litfaßsäule wird heute von einem Neubau-Imbiss-pavillon flankiert. Die zweiflügelige Metalltür ist noch genau zu erkennen, so-gar eine Toilette soll sich in der Säule befinden.

Von 1947 an war der winzige runde Raum der Lebensmittelpunkt von Ma-rianne Blask. Bei ihr kaufte Hans Albers seine Blumen, sie versorgte ihn und den ganzen Stadtteil mit dem neuesten Klatsch und Tratsch.

Sogar Eingang in die Literatur fanden Säule und Blumenhänd-lerin: James Krüss verewigte die beiden in seinem Jugendroman »Nele oder Das Wunderkind«. Da-rin heißt es: »Wer die Stadt Ham-

An der kommunalen Litfaßsäule klebte bisher kein kommerzielles Plakat. Einst beherbergte sie einen Blumenladen

burg an der Elbe kennt, von der die großen Schiffe in die Welt ausfahren, der kennt auch den rauchgrauen Hauptbahnhof aus Stahl und Glas und Steinen. In der Nähe dieses Hauptbahnhofs, schräg über die Kirchenallee hinweg, in der Langen Reihe, der Litfaßsäule gegenüber, in der die Blumenfrau Finny ihr rundes Stübchen hat (...) beginnt (...) unsere Geschichte. (...) Sie [die Blumen-frau] war ja so etwas wie das lebende Nachrichtenblatt des Viertels Sankt Ge-org, das die Lange Reihe mit ihrem Kopfsteinpflaster durchläuft.«

Marianne Blasks Nachfolger, der Blumenhändler Djuradj Topalovic, drohte 1992 mit der Sprengung der Säule, sollte sein Mietvertrag tatsäch-lich gekündigt werden. Doch bevor er seine Drohung wahr machen konnte, sperrte die Außenwerbungs-Firma, der die Säule gehörte, die Tür für immer zu. 16 Jahre später hätte sie die einzigartige Säule dann beinahe selbst abgerissen. Die Firma fand sie nicht mehr zeitgemäß und wollte sie durch ein rotierendes und von innen beleuchtetes Modell ersetzen. Die Stadtverwaltung war damit einverstanden. Aber beide hatten nicht mit den rührigen Stadtteil-Vereinen gerechnet. Die stellten im Sommer 2008 eine kleine Demonstration auf die Beine und entwarfen außerdem ein neues Nutzungskonzept für die Plakatsäule: Der einstige kleine Blumenladen sollte eine kommunale Litfaßsäule werden. Und sie hatten Erfolg mit ihrer Idee.

Im Februar 2009 war es schließlich so weit: die erste **kommunale Litfaßsäule** Hamburgs konnte eingeweiht werden! Bis heute klebt hier kein einziges kommerzielles Plakat. Stattdessen verkünden Initiativen und Vereine aus dem Stadtteil ihre Neuigkeiten, organisiert wird das alles von der lokalen Geschichtswerkstatt.

Vielleicht bewahrt sie auch ein vergilbtes Exemplar der Hamburger Morgenpost vom 25. November 1992 auf. Das fanden der Chef der Außenwerbunsfirma und ein Kommunalpolitiker, als sie im Dezember 2008 die Tür der Litfaßsäule aufsperrten. Sogar Blumen standen noch in einem längst ausgetrockneten Wassereimer. Auch Preisschilder von 1992, Wechselgeld in Mark und Pfennig, ein Kittel und ein Sonnenschirm lagen genauso da, wie sie der Blumenmann vor 20 Jahren zurückgelassen hatte.

Kommunale Litfaßsäule

1947 Öffnung des Blumenstandes in der begehbaren Litfaßsäule

1992 Schließung des Blumenstandes

1. Juli 2008 Demonstration gegen den Abriss der Litfaßsäule

24. Februar 2009 Einweihung der 1. kommunalen Litfaßsäule Hamburgs

GESCHICHTE

Wo Gustaf Gründgens den Mephisto gab

Wer die legendäre Verfilmung von Goethes »Faust« mit Gustaf Gründgens gesehen hat, dem geht der genial-diabolische Mephisto nicht mehr aus dem Kopf. Zwar ist der Schwarzweiß-Film schon über 50 Jahre alt, aber immer noch in vielen Schulen Pflichtprogramm im Deutsch-Unterricht.

Weniger bekannt ist, dass Gründgens nicht nur Schauspieler war, sondern auch **Intendant** des Deutschen Schauspielhauses in Hamburg. Und zwar von 1955 bis 1963. Hier entstanden 1960 auch die legendären Filmaufnahmen. Kein Wunder, dass Gründgens den Mephistopheles darin so grandios spielt – schon bevor er die Intendanz in Hamburg antrat, hatte er die Rolle über 600 Mal verkörpert.

Deutsches Schauspielhaus

Hamburg-St. Georg | Kirchenallee 39 | (040) 24 87 1-0 | www.schauspielhaus.de | U-/S-Bahnhof Hauptbahnhof

Sobald Karten für den »Faust« in den Verkauf kamen, bildete sich vor dem Schauspielhaus eine Warteschlange, die bis zur übernächsten Straßenecke reichte. Damals zogen klassische Theaterstücke noch ein riesiges Publikum an, waren Stadtgespräch. Das Schauspielhaus, mit fast 1200 Plätzen größtes deutsches Sprechtheater, war auf dem Höhepunkt seines Ruhms.

60 Jahre zuvor war das nicht abzusehen gewesen. Hamburgs Einwohner bejubelten damals seichte Unterhaltungsstücke, die auf den zahlreichen kommerziellen Bühnen in Altona und St. Pauli gegeben wurden. Das empörte die Hamburger Bildungsbürger, die sich nach einem repräsentativen und anspruchsvollen Theater sehnten und die – typisch für Hamburg – sogleich eine **Aktiengesellschaft** ins Leben riefen. Die vier bekanntesten Schauspieler der Stadt, Franziska Ellmenreich, Carl Wagner, Robert Nhil und Ludwig Max, fungierten als Sozietäre der AG. 84 Aktionäre stellten das Kapital zum Bau eines Schauspielhauses nach dem Vorbild des Wiener

Der Hauptsaal des Deutschen Schauspielhauses erstrahlt in prunkvollem Neobarock und bietet 1196 Zuschauern Platz

Volkstheaters zur Verfügung. Am 15. September 1900 eröffnete das prunkvolle Gebäude an der **Kirchenallee** nach nur 13 Monaten Bauzeit mit Beethovens »Die Weihe des Hauses« und Goethes »Iphigenie auf Tauris«.

Entworfen hatten das Schauspielhaus die Wiener Theater-Architekten Fellner & Hellmer. So erklärt sich seine heitere, leichte Architektur, die nichts von der üblichen hamburgischen Schwere atmet. Der Innenraum prunkt im Neobarock, und in sechs Nischen der Neorenaissance-Fassade fanden die Büsten von Lessing, Goethe, Schiller, Kleist, Grillparzer und Shakespeare Platz – ein

21

ganz klares Bekenntnis zum klassischen Repertoire. Der Standort war klug gewählt: gegenüber vom geplanten Hauptbahnhof, am Standort einer Rad-fahrschule, die dem Theaterbau weichen musste. So war und ist die An- und Abfahrt mit öffentlichen Verkehrsmitteln bequem möglich.

Unter der Leitung des ersten Intendanten, Baron Alfred von Berger, ge-langte das Schauspielhaus schnell zu Ansehen. Vorrangig wurden Klassiker von Shakespeare, Goethe oder Schiller gespielt. Das Publikum war begeistert. Doch als Berger das Theater nach zehn Jahren verließ und der neue Inten-dant Carl Hagemann sein Augenmerk auf die Moderne statt auf Klassik legte und mit manchen Stücken sogar The-aterskandale auslöste, leerte sich der Saal zusehends.

Der Haupteingang des Schauspielhauses schmückt sich mit Büsten von Kleist und Lessing (links) sowie Schiller und Goethe (rechts)

Nach dem Ersten Weltkrieg war das Schauspielhaus in einem erbärm-lichen Zustand. Das Publikum blieb aus. 1928 stand das Schauspielhaus schließlich vor dem Bankrott. Auch eine organisatorische Zusammenlegung mit dem **Thalia Theater** änderte nicht viel an der schwierigen Wirtschaftslage.

1933 brachten die Nazis das Haus in Staatsbesitz. Durch Bombenangriffe erlitt das Haus einige Schäden, konnte durch den Schutz der hauseigenen Luftschutzwache jedoch vor einer größeren Zerstörung bewahrt werden. Im

September 1944 wurde das Theater geschlossen, der Bühnenraum diente als Rüstungswerkstatt.

Nach dem Ende des Zweiten Weltkriegs okkupierten bis 1948 britische Besatzer das Schauspielhaus. Unter dem neuen Intendanten Albert Lippert waren dem Theater kleine Erfolge beschieden. Bis zur großen Blüte des Theaters sollte es dann aber noch einige Jahre dauern.

Erst Gustaf Gründgens formte ein grandioses Ensemble aus hervorragenden Schauspielerinnen und Schauspielern. Die Namen Elisabeth Flickenschildt, Will Quadflieg und Hanne Hiob sind bis heute auch vielen Theater-Laien ein Begriff und lockten das damalige Publikum zurück in den Saal. 1959 inszenierte Gründgens in Hamburg die international beachtete Uraufführung von Bertolt Brechts »Die heilige Johanna der Schlachthöfe«. Der endgültige Durchbruch gelang ihm schließlich mit der Inszenierung von Goethes »Faust«. Das Schauspielhaus wurde beliebter denn je.

Deutsches Schauspielhaus

15. September 1900 Eröffnung des Privattheaters mit 1800-Plätzen

1933 Verstaatlichung

1945–1948 Okkupation durch britische Besatzungsmacht

1955–1963 Intendanz Gustaf Gründgens'

1981–1984 Restaurierung

GESCHICHTE

Nach der Gründgens-Ära wechselten die künstlerischen Direktoren rasch. Als weitere bedeutende Intendanten gelten bis heute Ivan Nagel (1972–1979), Peter Zadek (1985–1989) und Frank Baumbauer (1993–2000). Unrühmlich endete Friedrich Schirmers (2005–2010) Karriere in Hamburg: 2010 verkündete er seinen Abgang wegen der »gravierenden Unterfinanzierung« des Hauses. Dazu ist aber anzumerken, dass das Theater während seiner Intendanz nicht gerade an Beliebtheit gewonnen hatte. Bis heute liegt das Schauspielhaus in der Gunst des Publikums und der Kritiker hinter dem Hamburger Thalia Theater, als dessen Konkurrenz-Bühne es einst gegründet wurde. Dennoch lohnt sich ein Besuch des Hauses auf jeden Fall!

Wo Störtebeker geköpft wurde

Auf seine Hinrichtung wartend steht ein gefesselter Mann am Rand des **Brooktorhafens** auf einem Felsbrocken und blickt stoisch über die rechte Schulter ins Weite. Es ist Klaus Störtebeker, der berühmteste Pirat aller Zeiten.

Gestaltet hat den 200 Kilo schweren Bronzemann 1982 der Künstler Hansjörg Wagner. Dieser steht nun mitten in Europas größtem innerstädtischen Neubaugebiet, der **HafenCity.** Hier, auf dem Grasbrook, einer bei Flut überschwemmten, sandigen Elbinsel, die überwiegend als Wäschebleiche diente, soll Klaus Störtebeker am 21. Oktober 1401 geköpft worden sein, zusammen mit 72 seiner Männer.

Störtebeker-Denkmal

Hamburg-HafenCity | Uferpromenade am Brooktorhafen in Höhe Osakaallee/Ecke Tokiostraße | Ab dem 9. Dez. 2012 U-Bahnhof Überseequartier, bis dahin Metrobus 6 ab U-/S-Bahnhof Hauptbahnhof bis Haltestelle Marco-Polo-Terrassen

Die **Legende** besagt, dass die Freibeuter von der militärischen Flotte vor Helgoland gefangen genommen wurden und anschließend öffentlich hingerichtet werden sollten. Störtebeker äußerte einen letzten Wunsch: Er wollte sich als erster den Kopf abschlagen lassen. Dafür sollte allen seinen Männern, an denen er noch mit abgehauenem Kopf vorbeilaufen könne, das Leben geschenkt werden. Scharfrichter Rosenfeld gewährte ihm diese Bitte und Störtebeker soll kopflos an elf Männern vorbeigegangen sein. Nach einer Version stellte der Scharfrichter dem Piraten ein Bein, sonst wäre der noch weiter gelaufen. Auch soll sich Rosenfeld nicht an sein Versprechen gehalten und die Seeräuber allesamt gerichtet haben.

Unzählige Historiker haben versucht, die Legende von Störtebeker mit Fakten zu belegen. Aber je genauer sie forschten, desto verschwommener wurde das Bild des Piraten, der quasi als maritimes Gegenstück von Robin Hood gelten kann. Nicht einmal sein Name lässt sich eindeutig belegen. Noch umstrittener sind sein Geburtsort, seine Herkunft, der Ort seiner Gefangennahme und sein Todesdatum. Hier reicht die Zeitspanne von 1400 bis mindestens 1413.

In der heutigen HafenCity wurde der Freibeuter Klaus Störtebeker Anfang des 15. Jahrhunderts hingerichtet

Unumstritten ist jedoch, dass im späten 14. Jahrhundert zahlreiche Seeräuber auf Nord- und Ostsee ihr Unwesen trieben, teilweise unterstützt vom Adel und der Hanse. Sie wurden **Vitalienbrüder** oder **Likedeeler** genannt. Vor allem der Begriff »Likedeeler«, was Gleichteiler bedeutet, ließ in neuerer Zeit

die Vorstellung gedeihen, Störtebeker und seine Männer seien eine Art Ur-Kommunisten gewesen. So schildern zahlreiche Schriftsteller die mittelalterlichen Piraten als edle Freibeuter, die den »Pfeffersäcken« ihre unrechtmäßig

zusammengerafften Schätze raubten und sie an die Armen verteilten.

Pünktlich zum 500. Jahrestag der Hinrichtung Klaus Störtebekers, die das Museum für Hamburgische Geschichte ins Jahr 1402 datierte, präsentierte es im Jahr 1902 den **Totenschädel** des Piraten sowie seinen Trinkbecher und Teile seiner Rüstung. Auch das Schwert, mit dem Störtebeker geköpft worden war, war plötzlich aufgetaucht. Der angebliche »Störtebeker-Schädel« war beim Bau der Speicherstadt (▶ Seite 27) 1878 tatsächlich auf dem Grasbrook gefunden worden, der vom 14. bis 18. Jahrhundert genutzten Seeräuber-Hinrichtungsstätte vor den Toren der Stadt. Der Totenkopf stammt wirklich aus dem 15. Jahrhundert und auch das Loch, mit dem der Schädel einst zur Abschreckung auf einen Pfahl gespießt worden ist, scheint echt zu sein.

Groß war die Aufregung, als der berühmte Totenkopf im Januar 2010 plötzlich aus dem Museum verschwunden war. Glücklicherweise gab ein Mittelsmann den gestohlenen Totenschädel ein gutes Jahr später bei der Polizei ab, und so hat das stadtgeschichtliche Museum sein Prunkstück wieder, egal ob echt oder nicht echt. Aber schaurig-schön wäre es doch, könnte man

Ist es nun seiner oder nicht? Dieser Totenschädel aus dem 15. Jahrhundert wurde auf dem Grasbrook gefunden und ist im hamburgmuseum zu bestaunen

im **hamburgmuseum** (Holstenwall 24, (040) 42 81 32 100, www.hamburgmuseum.de) den echten Schädel von Klaus Störtebeker betrachten, ergänzt durch eine Rekonstruktion seines Gesichts.

Wo Hamburgs Schätze lagerten

Wenn die U-Bahn der Linie 3 hinter der Haltestelle Rödingsmarkt langsam und vorsichtig in die scharfe Rechtskurve biegt, kommt sie in Sicht: die Speicherstadt. Einst das größte Lagerhaus-Ensemble der Welt, hat sie sich im letzten Jahrzehnt zum Touristen-Magneten entwickelt. Seit die Speicherstadt zum Jahresbeginn 2003 aus dem Freihafengebiet entlassen wurde, sind hier touristische Nutzungen möglich. Es entstanden zahlreiche Museen, Restaurants und andere Anlaufpunkte, die rege genutzt werden.

Wer sie zum ersten Mal sieht, ist überwältigt von ihrer Größe. Schier endlos reihen sich die hohen, reich verzierten Backsteinbauten der Speicherstadt aneinander. Alle liegen sie mit einer Seite an der Straße und mit der anderen am Wasser, viele an eigens für die Speicherstadt angelegten schiffbaren Kanälen, in Hamburg »Fleete« genannt. Das größte, das **Kehrwiederfleet/Brooksfleet,** bildet quasi das Rückgrat der Speicherstadt. Wo heute fast nur noch Barkassen auf Hafenrundfahrt unterwegs sind, stauten sich vor hundert Jahren die Ewer, flache Lastkähne, die die Waren von den Seeschiffen zu den Speicherhäusern transportierten.

Aber wie kam es überhaupt zum Bau des riesigen Lagerhauskomplexes in unmittelbarer Nähe zur Ham-

1883 begannen die Bauarbeiten für die Speicherstadt. Seit 1991 steht sie unter Denkmalschutz

WO

Speicherstadtmuseum

Hamburg-HafenCity | Am Sand-
torkai 36 | (040) 32 11 91 |
www.speicherstadtmuseum.de
| U-Bahnhof Baumwall

Öffnungszeiten April bis
Oktober Mo–Fr 10–17 Uhr,
Sa/So 10–18 Uhr, November bis
März Di–So 10–17 Uhr | 3,50 € /
2 € / Schüler 1,50 €

burger Innenstadt? Der Grundstein zum Bau des riesigen Lagerhauskomplexes wurde 1881 mit einem Zollanschlussabkommen zwischen Hamburg und dem Deutschen Reich gelegt. Als das Deutsche Reich 1871 gegründet wurde, war Hamburg eine politisch unabhängige Stadt, ihr Gebiet zollfrei. Dem 1834 gegründeten Zollverein waren die Hansestädte Lübeck, Bremen und Hamburg nicht beigetreten, denn sie lebten vom Freihandel. Reichskanzler Otto von Bismarck forderte ab 1871 den Anschluss Hamburgs an das reichsdeutsche Zollgebiet. Nach gut zehn Jahren gab der Hamburger Senat nach und so wurde 1881 ein Kompromiss geschlossen: Die Stadt Hamburg sollte ab 1888 als Zoll-Inland gelten, ein festgelegter Teil des Hafens aber Zoll-Ausland bleiben.

Nun war Eile geboten, denn nur im Zoll-Ausland, dem zu etablierenden Freihafen, konnten die Hamburger Kaufleute nach 1888 noch ihre importierten Waren zollfrei lagern und weiterverarbeiten. Über Jahrhunderte hatte das Privileg der Zollfreiheit den »Pfeffersäcken« dicke Gewinne garantiert und die wirtschaftliche Blüte der Stadt ermöglicht. Allen Beteiligten war klar, dass nun beherzt gehandelt werden musste.

Rasch war das Areal des künftigen Freihafens abgesteckt, musste er doch im schiffbaren Gebiet und nah an der Innenstadt liegen. Die Wahl fiel auf die bereits seit Jahrhunderten bebauten Elbinseln Kehrwieder und Wandrahm. Hier lebten auf etwa 30 000

Ein Querschnitt des Freihafens von 1888

Quadratmetern zwischen 16 000 und 24 000 Menschen, deren Wohnungen nun der Spitzhacke zum Opfer fielen. Die armen Handwerker und Hafen-

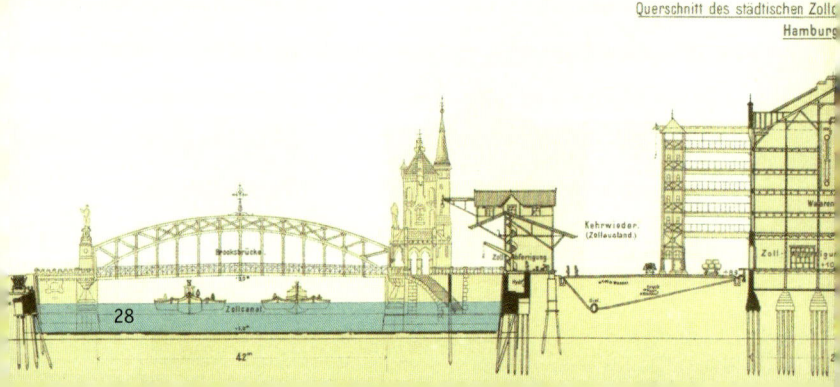

arbeiter, die mit ihren meist kinder-
reichen Familien in düsteren, feuch-
ten und engen Wohnungen auf dem
Kehrwieder wohnten, mussten sich
auf eigene Faust neue Wohnungen
suchen – weit weg von ihrer Arbeitsstätte. Heute ist es kaum vorstellbar,
jeden Tag zu Fuß von Eimsbüttel oder
Barmbek in den Hafen zur Arbeit zu
gehen, damals wurde es für Tausende
normal.

Auch einige wohlhabende Kaufleute
waren betroffen. Viele ihrer Vorfah-
ren waren im 16. und 17. Jahrhundert
als Religionsflüchtlinge aus den Nie-
derlanden gekommen. An sie erinnern
bis heute Straßennamen wie »Hollän-
discher Brook« auf dem **Wandrahm,**
der weiter östlich gelegenen Insel. Der
Name »Wandrahm« stammt übri-

Speicherstadt

1881 Zollanschlussabkommen zwischen Hamburg und dem Deutschen Reich

1883 Beginn mit dem Bau der Speicherstadt

1888 Eröffnung der Speicherstadt

Zweiter Weltkrieg Großflächige Zerstörung der Speicherstadt

Bis 1967 weitgehend originalgetreuer Wiederaufbau

1991 Die Speicherstadt wird unter Denkmalschutz gestellt

2003 Die Speicherstadt wird aus dem Freihafengebiet entlassen

GESCHICHTE

gens von den Rahmen, auf denen die meist niederländisch-stämmigen Text-
ilhersteller ihre Stoffe trockneten. Das Straßenbild auf dem Wandrahm er-
innerte mit seinen Fachwerk-Backstein-Häusern, die mit der Giebelseite zu
Straße und Kanal standen, teilweise deutlich an Amsterdamer Grachtenvier-
tel. Außerdem standen hier repräsentative Renaissance- und Barock-Bauten
wie das Haus Neuer Wandrahm 17, dessen Portal und Eingangstreppe heute
im Hof des **hamburgmuseums** zu besichtigen sind.

Dass hier etwas Unwiederbringliches verloren ging, war auch Zeitgenossen
bewusst. Und so beauftragte die Hamburger Baudeputation den Fotografen

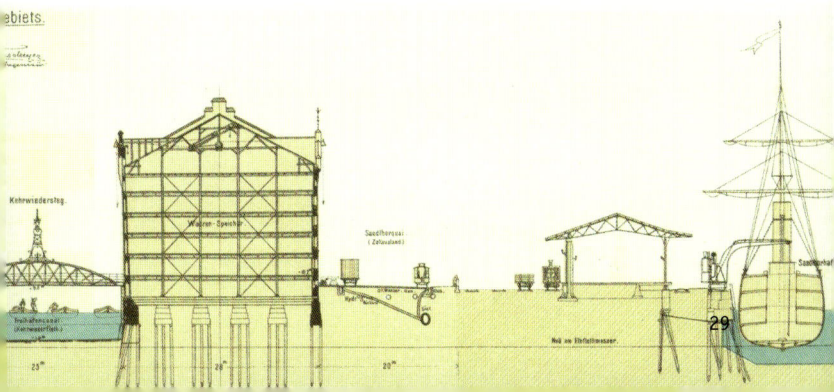

Im Zweiten Weltkrieg wurde ein Großteil der Speicherstadt zerstört. Das Meiste wurde originalgetreu wieder aufgebaut

Georg Koppmann damit, das Gebiet komplett abzulichten. Viele der Fotos sind erhalten. Oft stehen darauf die Bewohner vor ihren Häusern, aus denen sie wenig später ausziehen mussten.

Einer der größten Kritiker des Speicherstadt-Baus war der Kunsthallen-Direktor Alfred Lichtwark (▶ Seite 127), dem zur Vernichtung von Wandrahm- und Kehrwiederviertel nur der berühmte Ausspruch einfiel, seine Heimatstadt sollte eigentlich »Freie und Abrißstadt« heißen. Er regte die Hamburger Kaufmannstochter und Zeichnerin Ebba Tesdorpf (1851–1920) dazu an, das dem Untergang geweihte städtische Leben im Abrissgebiet zeichnerisch festzuhalten. Sie tat es und vermachte hunderte von Zeichnungen dem Museum für Kunst und Gewerbe, das sie ans hamburgmuseum weiterreichte.

1883 begannen die Bauarbeiten für die Speicherstadt. Zunächst mussten tausende Eichenpfähle in den weichen Boden gerammt werden, um ein Fundament für die stabilen Neubauten zu schaffen. Jeder Quadratmeter Fußboden in einem Speicherhaus sollte immerhin mindestens 1500 Kilo tragen können. Zunächst wählte man im Ruhrgebiet vorgefertigte Konstruktionen aus Eisenträgern, die sich hinter den neogotischen Backsteinfassaden verbargen. Bald wurde klar, dass diese Träger bei Bränden schnell schmelzen, und man ersetzte sie durch Holz-

Das Brooksfleet mit Block G (Mitte) und Block H (re.) im Jahre 1932

balken oder verkleidete sie feuersicher.

Natürlich war das Hochziehen der Lasten mit Muskelkraft viel zu anstrengend. So baute man ein Kleinkraftwerk, dessen **Kesselhaus** heute als Info-Center für die HafenCity dient. Mit dem hier aus Kohle erzeugten Strom wurde die Speicherstadt elektrisch beleuchtet – zur Zeit des Gaslichts unerhört modern. Außerdem trieb er hydraulische Winden, Treppenaufzüge, Kräne und Hebebühnen an. Erst 1954 wurde diese Technik von Elektromotoren abgelöst und das Kesselhaus überflüssig. Die Führungsrollen der Seilzüge hängen hier und da noch oben an den vorspringenden Giebeln.

Innerhalb von nur sechs Jahren wurden die Baublöcke A bis O errichtet und damit das gesamte Gebiet zwischen den Straßen Am Sandtorkai, Kannengießerort, Brook und Kehr-

An manchen Giebeln kann man noch die Führungsrollen der Seilzüge sehen

wieder neu bebaut. 1891 bis 1896 folgten die Blöcke P, Q und R zwischen den Straßen Kannengießerort, Neuer Wandrahm, Bei St. Annen und St. Annenufer. Die Blöcke S bis X wurden von 1899 bis 1927 errichtet und erstreckten sich zwischen Brooktorkai, Bei St. Annen, Alter Wandrahm und Poggenmühle. Für die Ericusspitze war ein vierter Bauabschnitt geplant, der aber nie realisiert wurde.

Im Zweiten Weltkrieg wurde fast die Hälfte der Speicherstadt zerstört, das meiste aber bis 1967 weitgehend originalgetreu wieder aufgebaut. Nur die Baublöcke A, B, und C an der nordwestlichen Spitze der Speicherstadt wurden nicht rekonstruiert. Einen Eindruck vom Inneren der Speicherstadthäuser gewinnt man in den durchaus sehenswerten Museen des Viertels, die sich mit der Geschichte der Speicherstadt befassen, wie Spicy's Gewürzmuseum Am Sandtorkai 34 (Tel. (040) 36 79 89, www.spicys.de) oder das Speicherstadtmuseum Am Sandtorkai 36.

Wo Schiffe einst Kakao entluden

Schon von den Elbbrücken ist sie zu sehen und sogar bis in manche Barmbeker Ecke reicht ihr Glitzern. Die Elbphilharmonie, Hamburgs neues Wahrzeichen. Geliebt und gehasst schon lang vor der Eröffnung und so umstritten wie kaum ein anderes Bauprojekt in der Hansestadt. Baustellenführungen, bei denen man in Gummistiefeln und Bauarbeiterhelm Hunderte von Stufen erklimmen muss, sind Monate im Voraus ausgebucht, der Info-Pavillon in der HafenCity und das Elbphilharmonie-Kulturcafé in Hamburgs Haupt-Einkaufsstraße stets gut besucht.

2010 sollte das Prunkbauwerk eigentlich eröffnet werden. Doch es bleibt bis mindestens 2015 Baustelle. Die Querelen um den Baufortschritt, die Finanzierung und Verantwortlichkeiten drohen das Eigentliche zu überlagern: Ein Filetgrundstück in Toplage wird kein reines Kommerzobjekt, sondern ein zumindest teilweise öffentliches Gebäude. Die Elbphilharmonie entsteht auf geschichtsträchtigem Gebiet, auf dem Großen Grasbrook an der Einmündung zum historischen Hafengebiet.

Jahrhunderte lang war der Grasbrook eine halb-amphibische Insel im Hamburger Hafengebiet, im Grenzbereich zwischen Strom und Land. Zwei Mal täglich, wenn die Flutwelle von der Nordsee Hamburg erreichte, schwappte das Elbwasser darüber. Er diente als Viehweide, Wäschebleiche und Hinrichtungsstätte (▶ Seite 24). Im frühen 17. Jahrhundert wurde er durch eine gewaltige Stadtbefestigung in zwei Teile geteilt, den Großen und

Der Kaiserspeicher war schon vor der Speicherstadt fertiggestellt und im 19. Jahrhundert ein hochmoderner Bau

den Kleinen Grasbrook. Niederländische Einwanderer legten das Sumpfgebiet trocken und bauten ein malerisches Stadtviertel, das im 19. Jahrhundert abgerissen wurde. Anschließend entstanden hier moderne Hafenanlagen mit Backstein-Lagerhäusern: die Speicherstadt (▶ Seite 27), die anfangs ebenso steril wirkte wie heute die HafenCity.

Schon vor der Speicherstadt war das Wahrzeichen des Hamburger Hafens fertig, der Kaispeicher A, besser bekannt als **Kaiserspeicher.** Mit fast 20 000 Quadratmetern Lagerfläche, hydraulischen Kränen und direktem Eisenbahnanschluss war er ein hochmoderner Bau. Seinen Namen hatte die riesige Anlage vom Kaiserkai, einem Teil der im 19. Jahrhundert für die Dampfschiffe errichteten Hafenanlage. Der backsteinerne Speicher sah aus wie eine Mischung aus Kirche und Rathaus, doch hinter seinem verzierten Turm verbarg sich ein profaner Schornstein. Wasserbaudirektor Johannes Dalmann und Wilhelm Hauers, seine Architekten, hatten den Kaiserspeicher als Prachtbau und Postkartenmotiv entworfen – ebenso, wie die Elbphilharmonie schon vor dem Baubeginn als Wahrzeichen Hamburgs vermarktet wurde.

Den Zweiten Weltkrieg überlebte der Kaiserspeicher als Ruine, die 1963 gesprengt wurde. Obwohl der Siegeszug der Containerschiffe schon zu ahnen war, ließ die Hafenbehörde am alten Standort wieder einen Stückgutspeicher bauen. Werner Kallmorgen entwarf für das asymmetrische Grundstück einen schlichten Backsteinklotz mit unzähligen monoton aufgereihten Fensterluken, der 1966 eröffnet wurde. Doch schon in den 1970er Jahren wurden Kaffee und Kakao kaum noch in

Der alte Kaiserspeicher wurde 1963 gesprengt, der Nachfolgebau (2. v. l.) stand unter Denkmalschutz, auf ihm wird die Elbphilharmonie gebaut (3. v. l.)

Säcken, sondern in Containern geliefert und der auf 1111 Pfählen im Untergrund verankerte **Kaispeicher A** stand immer öfter leer.

Ab 1993 drehten sich die Ladekräne an der Südfassade überhaupt nicht mehr, der Speicher begann vor sich hin zu rotten. Auch die Umgebung verfiel, seit der Hafenbetrieb auf Containerschiffe umgestellt war, die am südlichen Elbufer abgefertigt wurden. Mitten in Hamburgs Innenstadt lag eine riesige Industriebrache, in die kaum ein Mensch vordrang. Als in London, Düsseldorf und anderswo die alten Hafenareale in gestylte Neubaugebiete umgewandelt wurden, wollte auch Hamburg im überflüssig gewordenen Hafengebiet hippe Medienunternehmen ansiedeln und Luxuswohnungen errichten.

Ganz so einfach wie andernorts war das aber nicht, denn es handelte sich um Freihafengebiet. Das hieß: Schlagbaum mit Zollkontrolle und Verbot von Wohnnutzung. Nach einigem Hin und Her wurde der Zollzaun 2003 verlegt, der Weg für die **HafenCity** war frei. Sie sollte das größte innerstädtische Neubaugebiet Europas werden. Filetgrundstücke waren die Kehrwiederspitze und der benachbarte Standort des Kaispeichers A, der einem Medienzentrum weichen sollte. Hierfür wurde ein Architektenwettbewerb ausgeschrieben, der aber kein überzeugendes Ergebnis brachte. Inzwischen war auch die New-Economy-Blase der Jahrtausendwende geplatzt, und so hatte eine hochfliegende Idee eine Chance: Warum nicht den Kaispeicher stehen lassen und mit einem gläsernen Aufbau krönen, der einen Konzertsaal beherbergte?

Die umstrittene Elbphilharmonie steht auf dem Fundament des ehemaligen Kaiserspeichers

Auf diese Idee kam ein Hamburger Projektentwickler gemeinsam mit den Schweizer Architekten Pierre de Meuron und Jacques Herzog. Architektonisch ist es ein großer Wurf geworden. An drei Seiten von Wasser umgeben, sollte das Bauwerk weithin sichtbar sein. Seine geschwungene Dachkonstruktion sollte an Wellen erinnern, die bucklig strukturierte Glasfassade ihre Farbe mit dem Lichteinfall spektakulär verändern. Eine Terrassenebene zwischen Backsteinspeicher und Glasaufbau sollte dem bis zu 108 Meter hohen

---

Elbphilharmonie-Baustelle

Hamburg-HafenCity |
Am Kaispeicher A |
U-Bahnhof Baumwall

Führungen jeden Sonntag, Tickets 2 Monate im Voraus zu Monatsbeginn unter Tel (040) 35 76 66 66 oder www.elbphilharmonie.de oder im Elbphilharmonie-Kulturcafé am Mönckebergbrunnen (Mönckebergstraße/Spitalerstraße)

GESCHICHTE

Elbphilharmonie

1875 Eröffnung des Kaiserspeichers

1963 Sprengung der Kriegsruine des Kaiserspeichers

1966 Eröffnung Kaispeicher A

1993 Ende der Speichernutzung

1997 Pläne für HafenCity werden veröffentlicht

1. Januar 2003 Ausgliederung des HafenCity-Areals aus dem Freihafen

28. Februar 2007 Hamburger Bürgerschaft beschließt den Bau

2. April 2007 Grundsteinlegung im Kaispeicher A

Ende Mai 2010 Richtfest

Bauwerk optisch die Schwere nehmen. Ende 2003 war auch die Politik in Gestalt des Ersten Bürgermeisters Ole von Beust von der Idee überzeugt.

Die Finanzierung schien zu Beginn ein Klacks, sollten doch ein Hotel und fast 50 luxuriöse Eigentumswohnungen, die sich um den Konzertsaal schmiegten, einen Großteil der Baukosten erwirtschaften. Außerdem warb eine eigens gegründete Stiftung Sponsorengelder ein. Für die komplizierte Bau-Koordination zeigte sich ab November 2004 eine städtische Projekt-Realisierungsgesellschaft, die ReGe Hamburg, verantwortlich. Die Ausführung wurde europaweit ausgeschrieben und schließlich 2006 zu einem Festpreis an ein Konsortium aus Hochtief AG und Commerzleasing vergeben. Als Eröffnungstermin wurde der Sommer 2010 vereinbart.

Am 28. Februar 2007 sprach sich die Hamburger Bürgerschaft einstimmig für den Bau der Elbphilharmonie aus – bei 114 Millionen Euro Kosten für die Stadt. Kaum war die Tinte unter den Verträgen trocken, forderte die Hochtief AG Nachzahlungen und der Bau begann sich zu verzögern. Ein Konflikt folgte dem nächsten, es ging unter anderem um hässliche Zementreste auf der historischen Backsteinfassade, die Vorrichtungen für die Glasreinigung an den gewölbten Fassadenteilen und vor allem um die Stabilität der Dachkonstruktion. So ruhen die Außenarbeiten bisher schon seit elf Monaten.

Momentan mag sich keiner so wirklich auf einen Eröffnungstermin festlegen. Die von der Stadt zu tragenden Kosten haben sich in etwa verdreifacht. Hamburgs Kulturschaffende befürchten, dass sie künftig noch weniger Zuschüsse erhalten. Der Kulturetat werde überwiegend in die Elbphilharmonie fließen und dort einem elitären Publikum zugutekommen.

Wo Autos sachte in die Tiefe ruckeln

Angeblich ist er das häufigste Hamburger Ansichtskartenmotiv, der Alte Elbtunnel beziehungsweise sein monumentales Eingangsbauwerk an der Hafenkante im Stadtteil **St. Pauli.** Offiziell heißt das weltberühmte Bauwerk »St. Pauli Elbtunnel« und ist der älteste erhaltene Unterwasser-Tunnel Kontinentaleuropas. Seine Vorbilder waren mehrere Tunnel unter der Londoner Themse und der 1890 bis 1896 erbaute Clyde-Tunnel in Glasgow, von dem nur noch die Zugangsbauwerke stehen.

Ganz anders in Hamburg: Hier sind sogar noch die genieteten Aufzüge mit Holztüren in Betrieb, die für Fuhrwerke und die ersten Automobile konzipiert wurden. Wer sein Auto sicher beherrscht, kann an Wochentagen für zwei Euro die eindrucksvolle Fahrt in 24 Meter Tiefe wagen, wo eine knapp zwei Meter schmale Fahrspur wartet. Für Fußgänger und Fahrradfahrer ist die Elbunterquerung gratis.

2011 feierte der Tunnel sein 100-jähriges Bestehen. Zum Jahrestag der Eröffnung, dem 7. September, sollte er komplett denkmalgerecht saniert sein. Das klappte nicht, denn die 1994 begonnenen Arbeiten werden wohl über zwei Jahrzehnte dauern. Erstaunlich, wenn man bedenkt, dass der Bau des Tunnels in nur vier Jahren vollendet

Das monumentale Zugangsbauwerk in St. Pauli ist nicht zu übersehen

40

war – obwohl es sich um eine Pionier-
leistung für Ingenieure und Baufirma
handelte, die auch nicht ganz ohne
Pannen abging.

Wozu brauchte man überhaupt einen Tunnel unter der Elbe? Erleichtert
durch die Gründung des Deutschen
Reiches 1871 und seine kolonialen Ak-
tivitäten waren im späten 19. Jahrhundert riesige Hafenanlagen, Werften
und Industriebetriebe am südlichen
Ufer der Norderelbe entstanden. Um
zu ihren Arbeitsplätzen zu gelangen,
mussten nun Zehntausende von Ar-
beitern jeden Tag die Elbe überqueren.

Alter Elbtunnel

Hamburg-St. Pauli bei den
St. Pauli Landungsbrücken |
U-/S-Bahnhof Landungs-
brücken

Öffnungszeiten Während der
Sanierung (bis mindestens
2013) für Pkw: Mo–Fr 5.30–13
Uhr von St. Pauli nach Steinwerder, von 13–20 Uhr in Ge-
genrichtung | 2 € | Für Fuß-
gänger und Radfahrer: Mo–So
24 Std. durchgehend in beide
Richtungen (gratis)

Dafür gab es zwar Fähren, aber bei Nebel oder starkem Eisgang musste man
auf den Landweg ausweichen. Einzige Möglichkeit waren die damals neu ge-
bauten **Elbbrücken** ganz im Osten des Hafens, zu Fuß ein Umweg von fast
zwei Stunden. Wenn die Fähren verkehrten, waren sie oft überfüllt; bei Regen
mussten die Arbeiter im Freien warten.

Um eine Lösung für das offensichtliche Verkehrsproblem zu finden, reisten
Hamburger Beamte in verschiedene europäische Länder. Sie besichtigten neben den britischen Tunneln eine französische Schwebefähre, schauten sich
diverse Brückenkonstruktionen an. Bald war klar, dass eine Schwebefähre
nicht in Betracht kam: Bei vergleichsweise hohen Baukosten hätte sie nur
wenige Passagiere und keine Lasten befördern können. Auch die Brücken-
idee wurde nach jahrelangen Diskussionen verworfen. Bedenkt man, dass die
Masten der Segelschiffe, die auch
bei Flut unter der Brücke hätten
durchfahren müssen, bis zu 50 Meter hoch waren, kann man sich die
erforderlichen Brückenmaße leicht vorstellen. Eine Dreh- oder Klappbrücke
kam nie in Frage, denn bei jedem größeren Schiff hätte die Fußgänger warten müssen.

**1911 wurde der Elbtunnel eröffnet.
Die Aufzüge stammen aus Amerika**

So blieb am Schluss nur die Tunnellösung übrig, und im Frühjahr 1907
erhielt die Baufirma Philipp Holzmann & Cie. den Auftrag, einen Tunnel
für Fußgänger und kleinere Fahrzeuge zwischen **St. Pauli Landungsbrücken** und der Elbinsel **Steinwerder** zu bohren. Wegen des beengten Platzes
in St. Pauli wurden als Zufahrten keine Rampen, sondern Aufzüge und Trep-
pen geplant, der Unterwasser-Tunnelbau sollte bergmännisch – im Schild-

GESCHICHTE

vortrieb – ausgeführt werden. Damit hatte man in Deutschland noch kaum Erfahrungen, auch war der geologische Untergrund unter der Elbe nicht erforscht.

Das riskante Unternehmen startete am 6. Mai 1907 mit Untersuchungen des Baugrundes von einem Schiff aus. Erst ein Jahr später konnte mit dem Ausschachten auf Steinwerder begonnen werden. Dort erzeugten später gewaltige Kompressoren Pressluft für die beiden Tunnelröhren, die vom Südufer Richtung Nordufer getrieben werden sollten. Alle Arbeiten unter der Elbe mussten nämlich in einer Überdruck-Atmosphäre ausgeführt werden, damit kein Wasser in die noch nicht abgedichteten Röhren dringen konnte. Jedes Stückchen Tunnel, etwa anderthalb Meter am Tag, wurde sofort mit vorgefertigten Eisensegmenten, sogenannten Tübbings, abgestützt. Arbeiter verschraubten diese Tübbings miteinander und ummantelten das Ganze anschließend mit Zement. Ein paar Tage später wurde die Tunnelwand-Konstruktion dann mit Nieten verbunden – sie halten bis heute!

Lebensgefahr drohte aber nicht nur von eindringendem Elbwasser, sondern auch von der Pressluft, die es abhalten sollte. Aus England und den USA, aber auch aus Deutschland war eine rätselhafte Krankheit bekannt, die Menschen auf Unterwasser-Baustellen befallen und sogar töten konnte. Fast jeder sechste, der im Elbtunnel arbeitete, litt an der »Pressluftkrankheit«, drei Männer starben daran. Das Leiden, heute als Taucherkrankheit bekannt, wurde seltener, als man den Aufenthalt in den Druckausgleichskammern verlängerte.

Am Vormittag des 24. Juni 1909 erschraken die Besucher des nahen Freibads zu Tode. Eine meterhohe Fontäne war über der Tunneltrasse in den Himmel gestiegen, der eine noch höhere folgte. Tatsächlich hatte sich der größte anzunehmende Unfall ereignet: Die Vortriebsmaschine hatte den Elbgrund durchstoßen, Druckluft strömte nach draußen und nach wenigen Sekunden drangen Wasser und Erde in den Tunnel. Wie durch ein Wunder überlebten alle 50 bis 60 Menschen auf der Baustelle diesen »Ausbläser« unverletzt. Alle konnten vor dem eindringenden Wasser davonlaufen.

Der »Blowout« verzögerte die Bauarbeiten um vier Wochen, trotzdem erreichten die beiden Vortriebsschilde den Zugangsschacht in St. Pauli vor dem errechneten Termin. So konnte der Innenausbau bereits im Frühjahr 1910 beginnen, ein Jahr später installierte man die aus den USA importierten Aufzüge. Von außen sollte man nichts von der hochmodernen Ingenieurkunst sehen, deshalb wurden die Zugangsbauwerke im monumentalen Stil des kaiserzeitlichen Historismus gestaltet. Der Bau in St. Pauli, dessen Stil auf die zeitgleich errichteten **Landungsbrücken** abgestimmt wurde, ist unverändert erhalten. Auf Steinwerder sind die Schäden aus dem Zweiten Weltkrieg modern ausgebessert worden.

Im Inneren betonte man die moderne Konstruktion mit dunklem Holz, veredelte sie mit glasierten Klinkern und kunsthandwerklich angefertigten Fliesen. Fliesenreliefs mit 14 verschiedenen Wassertieren ziehen sich in Augenhöhe durch die beiden Tunnelröhren, die ursprünglich von schmiedeeisernen und bronzenen Leuchten erhellt wurden. Am 7. September 1911 stürmten die Hamburger begeistert in die Tiefe, am 30. November wurden die Röhren auch für Fahrzeuge geöffnet. Der Elbtunnel war nun die wichtigste Verbindung von der Stadt ins südliche Hafengebiet.

Fußgänger und Fahrradfahrer können den Alten Elbtunnel gratis durchqueren

Den Zweiten Weltkrieg überstand der Elbtunnel ohne größere Schäden, in den 1950er Jahren nahm der Autoverkehr stark zu. Dadurch wurde die Luft im Tunnel so schlecht, dass man 1956 eine Belüftungsanlage einbaute. Ein anderes Problem, das bereits in der Bauzeit vorhergesagt worden war, hätte dem Tunnel jedoch fast den Garaus gemacht: Die Elbe wurde für Schiffe mit großem Tiefgang immer weiter ausgebaggert, bis die Flusssohle nur noch drei Meter über der Tunneldecke lag. In den 1970ern diskutierte man, ob der Tunnel aufgegeben werden sollte. Inzwischen war der Verkehr im alten Elbtunnel stark zurückgegangen, da dieser sich in den neuen Elbtunnel verlagerte. Dennoch wurde er gerettet: mit einer an Ort und Stelle gegossenen Betonplatte, die seit 1983 die Tunneldecke vor Beschädigung durch Schiffe und vor dem Aufschwimmen schützt.

Wo Hamburgs berühmtester Häuserkampf stattfand

Größer könnte der Kontrast gar nicht sein. Steigt man an der Station »Landungsbrücken« aus U- oder S-Bahn und geht die paar Schritte zum Hafenrand, ist man vor allem von Büro- und Geschäftshäusern aus Beton umgeben. Doch einige hundert Meter weiter im Westen ändert sich das Bild plötzlich: Bunte Hausfassaden mit Transparenten, und das im zweiten Jahrzehnt des 21. Jahrhunderts!

Hafenstraße

Hamburg-St. Pauli | St.-Pauli-
Hafenstraße 108–126 | Bern-
hard-Nocht-Straße 16–24 |
U-/S-Bahnhof Landungs-
brücken

Sie fallen immer noch auf, sind aber kein Aufreger mehr: die Häuser der Hafenstraße. In den 1980er Jahren als Terroristennest und Chaotenhochburg verschrien oder als Inbegriff selbstbestimmten Lebens geliebt – kalt gelassen hat diese Straße kaum einen. Doch wie konnte sich in bester Hafenrandlage mit Elbblick ein so außergewöhnliches Wohnprojekt entwickeln? Um diese Frage zu beantworten, muss man einige Jahrzehnte zurückblicken.

In den 1970er Jahren lässt die städtische Wohnungsgesellschaft Saga viele ihrer Gründerzeit-Häuser systematisch verrotten, um sie problemlos abreißen zu können. Damals sind Neubauten en vogue, man liebt Waschbeton und Fahrstühle. Alles soll glatt und pflegeleicht sein. Außerdem lassen sich viel mehr Mieter in einem Neubau-Hochhaus unterbringen als in einem verwinkelten Gründerzeitbau mit Holzfußböden und Stuckdecken. Die hohen Räume mag sowieso fast niemand. Wer modern wohnen will, hängt die Decken ab.

Anders sehen das viele Studierende und die ersten Vertreter der Alternativ-Bewegung. Sie lieben den Charme der Altbauten, auch ihre Unzulänglichkeiten, und sind bereit, Verfallendes wieder herzurichten. So ziehen im Herbst und Winter 1981/82 mehr und mehr junge Leute in die leer stehenden **Saga-Häuser** an der St.-Pauli-Hafenstraße und der parallel verlaufenden Bernhard-Nocht-Straße, die auf ihren Abriss warten. Teilen müssen sie die Häuser nur mit den Wohnungslosen, die sich hier schon einquartiert haben. Wer will, bekommt von der Saga sogar einen Nutzungsvertrag – eine gewisse Perspektive, für die es sich lohnt die Fenster abzudichten und die Wasserleitungen zu reparieren.

Als die Stadt die Häuser 1982 abreißen will, um das wertvolle Grundstück zu verkaufen, kommt es zum ersten Polizeieinsatz gegen die nun illegalen Bewohner. Die Nutzungsverträge waren kurz zuvor gekündigt worden. Doch nach der Räumung durch die Polizei ziehen die meisten jungen Leute bald wieder ein. Da in Hamburg Wahlen anstehen und die Hausbesetzer viele Sympathisanten haben, werden die Häuser nicht wieder geräumt. Stattdessen sollen Baugutachten beweisen, dass die Altbauten unbewohnbar sind. Es geht hin und her, die Auseinandersetzungen werden härter, beide Seiten wenden Gewalt an, die Hafenstraße wird zum Hauptthema der Hamburger Politik.

Ende 1983 gelingt es den Bewohnern, auf drei Jahre befristete Mietverträge von der Saga zu bekommen – mit Untermiet-Erlaubnis, denn sie wollen weiterhin in wechselnden Gemeinschaften zusammen leben. Außerdem bekommen sie etwas Geld, um die Häuser provisorisch bewohnbar zu machen. Doch das Blatt wendet sich schon bald: Die Stadt streicht Instandsetzungsgelder, Mieten werden nicht gezahlt, das Elektrizitätswerk stellt den Strom ab. Die Bewohner bauen »ihre« Häuser zu Festungen aus und liefern sich Gefechte mit der Polizei, bei denen mehrere Menschen verletzt werden.

Obwohl die drei Jahre noch nicht um sind und die Instandsetzungsarbeiten weiter laufen, wollen Fachleute im März 1985 erneut die Unbewohnbarkeit der Häuser feststellen. Dazu bricht die Polizei massiv gesicherte Haustüren auf und dringt mit Gewalt in die Gebäude ein. Handgreifliche Proteste gegen dieses Vorgehen sind die Folge,

Die Hafenstraße im April 1989. Trotz Ankündigungen kam es zu keiner Räumung

DIE KRISE HEIßT

KAPITALISMUS

Jolly Roger

Noch immer hängen in der
Hafenstraße Transparente des
Protests. Mittlerweile sind alle
Altbauten saniert worden

der Rückhalt der Hafensträßler in der Bevölkerung nimmt ab. Dazu tragen sicherlich auch die Hetzkampagnen vieler Medien bei, die die Hafenstraße als Terroristennest und ihre Bewohner als Kriminelle brandmarken.

Anfang 1986 sind sich SPD und CDU einig: Noch in diesem Jahr wird die Hafenstraße geräumt. Überfallartige Polizei-Einsätze sollen die Bewohner mürbe machen, führen aber nur zu wachsender Gegengewalt. Die Situation scheint hoffnungslos verfahren, aber die Brutalität der Polizei führt dazu, dass sich viele Menschen aus der Nachbarschaft, darunter auch Kirchenvertreter, nun hinter die Hausbesetzer stellen. An einer Demonstration gegen die geplante Räumung beteiligen sich über 10 000 Menschen. Verhandlungen zwischen dem Hamburger Senat und den Bewohnern scheitern, es kommt immer wieder zu gewaltsamen Auseinandersetzungen.

1987 erarbeiten Hamburger Regierungspolitiker Pachtverträge für die zwölf Häuser. Eine der Voraussetzungen dafür, dass die Häuser legalisiert werden, ist der Abbau der martialisch wirkenden Verbarrikadierungen bis zum 31. Oktober. Die Frist läuft ab, ohne dass die Häuser zugänglich sind. Kurz darauf stehen Barrikaden auf der Hafenstraße, in die Gräben gerissen werden. Stacheldraht wird eilig verlegt. 5000 Polizisten und Bundesgrenzschutz-Beamte in Kampfmontur umstellen das Areal. Gepanzerte Wasserwerfer fahren auf, die Abrissmaschinen stehen bereit, Hubschrauber kreisen. Alles riecht nach Bürgerkrieg, an eine friedliche Lösung glaubt niemand mehr. Doch Hamburgs Erster Bürgermeister, Klaus von Dohnanyi, erteilt keinen Einsatzbefehl.

Stattdessen verlängert er das Ultimatum. Tatsächlich fallen die Barrikaden, der Pachtvertrag wird unterschrieben. Pächter wird der Verein

Hafenstraße

1981/82 Einzelne Wohnungen der zum Abriss vorgesehenen Häuser werden illegal bezogen

1982 Erste Polizeieinsätze

1983 Auf drei Jahre befristete Mietverträge für die Hausbesetzer

1985 Gutachter, die unter Polizeischutz in die Häuser eindringen, sollen die Unbewohnbarkeit bescheinigen

1986–1987

1986 Zahlreiche überfallartige Polizeiaktionen

Dezember 1986 Großdemonstration gegen die geplante Räumung

1987 Erarbeitung eines Pachtvertrags

November 1987 gewaltsame Räumung steht unmittelbar bevor, in letzter Minute kommt es zur Unterzeichnung des Pachtvertrags

GESCHICHTE

Hafenstraße e. V. Aber schon bald brechen Hafensträßler den Vertrag. Von Dohnanyi gerät nun auch bei Parteifreunden unter Beschuss und tritt am 1. Juni 1988 zurück. Abgelöst wird er von Henning Voscherau, dessen Wahlkampfthema die Hafenstraße gewesen ist. Markig hatte er versprochen, den »Schandfleck« zu beseitigen. 1989 übernimmt die Verwaltungsgesellschaft **Hafenrand GmbH** die Verwaltung der Häuser und schickt dem Pächterverein sofort fristlose Kündigungen.

Zunächst soll eine kleine Bauwagensiedlung geräumt werden, die zwischen den Häusern entstanden ist. Überraschenderweise beschließt das Hafenstraßen-Plenum nun defensives Verhalten. Kaum einer lässt sich vom groß angelegten Polizei-Einsatz provozieren. Die erwartete Stürmung der Häuser bleibt aus. Weitere Kündigungen folgen, auch sie werden nicht durchgesetzt. Die Auseinandersetzung wird nun vor Gericht geführt, und endet schließlich mit einer Verfassungsbeschwerde der Mieter, die 1993 abgelehnt wird.

1994 vollzieht Voscherau eine 180-Grad-Wende: Verhielten sich die Bewohner, die sich inzwischen genossenschaftlich organisiert haben, weiterhin gewaltfrei, verzichte er auf eine Räumung. Zwei Jahre später unterschreibt die Genossenschaft »Alternativen am Elbufer« einen Kaufvertrag über die zwölf Häuser – eine Lösung, an die noch wenige Jahre zuvor im Traum keiner gedacht hat. Inzwischen sind alle Altbauten saniert, und an der **Bernhard-Nocht-Straße 26** hat die Genossenschaft im Jahr 2007 einen Neubau mit barrierefreien Wohnungen errichten lassen.

1988–1994

1. Juni 1988 Rücktritt des Ersten Bürgermeisters Klaus von Dohnanyi, Nachfolger ist Henning Voscherau (beide SPD)

1989 Fristlose Kündigung des Pachtvertrags, aber keine Räumung

1994 Henning Voscherau sichert bei weiterer Gewaltfreiheit der Besetzer Verzicht auf Räumung zu

1995–heute

Jahreswechsel 1995/96 Verkauf der Häuser an die Genossenschaft »Alternativen am Elbufer« für 2,4 Millionen Euro

2007 die Genossenschaft lässt einen Neubau mit barrierefreien Wohnungen errichten

GESCHICHTE

Wo Kuriositäten warten

Harry Rosenberg war ein Original. Als der Seemann für immer an Land bleiben musste, eröffnete er eine Münzen- und Briefmarkenhandlung auf St. Pauli. Das war 1952. Aber Briefmarken waren doch eher etwas für Landratten, und so griff er zu, als ein Kapitäns-Nachlass zum Kauf angeboten wurde.

Käppn Haase muss ebenfalls ein echtes Original gewesen sein. Der bärtige Typ war in seiner Jugend Seebär, von 1894 bis 1934 betrieb er eine Gaststätte auf St. Pauli. Im Gastraum präsentierte er über tausend ausgestopfte Tiere, exotische Schnitzereien und andere Seemanns-Mitbringsel. Als er starb, übernahm der Gastwirt **Paul Wetzel** die Räume samt Interieur, das er 1954 an **Harry Rosenberg** verkaufte. Damit war der Grundstein für eine weltweit einzigartige Mischung aus Laden und Museum gelegt.

Rosenberg hatte selbst schon so einiges von seinen Reisen um die Welt mitgebracht. Und sein Laden wurde bald zum Treffpunkt der Seebären auf Landgang. Bares konnten diese immer gebrauchen, die Verlockungen der Reeperbahn hatten ihren Preis. So überließen sie Harry Rosenberg Schmuck, Kunsthandwerk und ausgestopfte Tiere, die sie in irgendwelchen Häfen gegen Schnaps eingetauscht hatten.

Schnell gelangte **Harrys Hafenbasar** mit der Ausstellung und dem Verkauf echter Schrumpfköpfe zu überregionaler Berühmtheit und wurde als Tipp in vielen Hamburg-Reiseführern erwähnt.

Harrys Hamburger Hafenbasar

Hamburg-St. Pauli | Erichstraße 56 | www.hafenbasar.de
S-Bahnhof Reeperbahn

Öffnungszeiten Tägl. 14–18 Uhr | 4 € , Kinder 2 € , Führungen nach Vereinbarung unter (0171) 496 91 69

1996 übernahm Rosenbergs **Tochter Karin** den Hafenbasar, zog damit ein paar Häuser weiter und führte das Kuriosum nahezu unverändert weiter. Doch das Publikum blieb irgendwann weg und schon bald standen weitere Umzüge an, die aufgrund der Vielzahl an Exponaten jedoch nicht so einfach zu bewerkstelligen waren. Und so organisierten 1996 nach einem Zeitungsaufruf freiwillige Helfer eine Menschenkette und transportierten die Stücke in die neuen Räume. 1999 folgte der nächste Umzug aufgrund von Renovierungsarbeiten.

2001 ging es schließlich an den heutigen Standort unweit der ehemaligen Museumskneipe des Käppn Haase, mit 300 Quadratmetern viel kleiner als die früheren Räumlichkeiten. Nach zehn Jahren in der Erichstraße erlag Karin Rosenberg mit 52 Jahren im April 2011 einem Herzinfarkt. Danach sah es so aus, als sollte der Hafenbasar für immer schließen, denn ihre 18-jährige

Tochter konnte das Museum nicht auf Dauer weiterführen.

Glücklicherweise fasste sich **Dr. Gereon Boos,** ein weitgereister HNO-Arzt, dessen Vater Kunsthändler war, ein Herz und übernahm das Kuriosum im September 2011. Inzwischen stapeln sich fast 350 000 Ausstellungsstücke im Museum. Kaum vorstellbar und eher unwahrscheinlich, dass sie wirklich jemand gezählt hat. Pfeile auf dem Boden weisen von einem vollgestopften Raum in den nächsten, es geht auch in winzige Kellerverschläge.

Ein zu sensibles Näschen sollte man nicht haben. Der Geruch ist in einigen Räumen schon sehr speziell. Auch schreckhaft darf man nicht sein, denn aus einem Raum starren einen durch Maschendraht lauter ausgestopfte Tiere an. Schon über der Eingangs-

tür räkelt sich ein Eisbär, vor vielen Jahren erlegt und mittlerweile von gelblicher Patina überzogen, neben einem stolzen Schwan, den dasselbe Schicksal ereilt hat. Das meiste kann man kaufen – ausgenommen sind natürlich die präparierten Tiere, die unter das Washingtoner Artenschutzabkommen fallen, und einige andere außergewöhnliche Stücke. Übrigens kann man sich nach telefonischer Vereinbarung auch nachts durch die Räume führen lassen. Wer sich allerdings schon im Hellen vor Masken und ausgestopften Tieren gruselt, der sollte darauf vielleicht lieber verzichten.

Über 350 000 Kuriositäten aus aller Welt warten auf den Besucher in Harrys Museum und Hafenbasar

Boos plant nun den Umzug auf ein altes Arbeitsschiff, das einen Liegeplatz in der edlen HafenCity bekommen soll, im Sandtorhafen. Den Umzug wollen Polizeibeamte in ihrer Freizeit übernehmen, erneut mit einer Menschenkette.

Wo die Beatles Hamburg eroberten

26. Juni 1966, 19 Uhr. Die Ernst-Merck-Halle tobt. Gleich beginnt das letzte Konzert der Fab Four in Europa. Paul McCartney begrüßt die kreischenden Fans mit den deutschen Worten »Es ist wunderschön bei Ihnen in Hamburg«. Hamburg kennen er und die anderen Beatles ziemlich gut. In der Hansestadt haben sie mehr Stunden auf der Bühne gestanden als irgendwo anders. Doch nicht immer war es wunderschön.

Am 17. August 1960 hatten die Beatles, damals aus John Lennon, Paul McCartney, George Harrison, Stuart Sutcliffe und Pete Best bestehend, ihre ersten Auftritte in einem Show- und Striptease-Lokal, namens **Indra.** Dessen damaliger Betreiber, Bruno Koschmider, hatte die völlig unbekannte Amateurband unter Vertrag genommen, um die Gäste länger in seiner Bar zu halten und ein neues Publikum anzulocken.

Indra

Hamburg-St. Pauli | Große Freiheit 64 | www.indramusikclub.com

Öffnungszeiten
Mi–So ab 21 Uhr

Fast zwei Monate lang spielten die Beatles jeden Abend viereinhalb Stunden und am Wochenende sogar sechs Stunden lang auf der Bühne an der **Großen Freiheit 64.** Welche Songs es nicht mochte, gab das Publikum der Band unmissverständlich zu verstehen. Und wegen der Endlos-Auftritte mussten die Gesangsparts aufgeteilt werden, sollte niemand seine Stimme verlieren. Außerdem feuerte Koschmider seine Musiker mit den Worten »Mach Schau!« zu neuartigen Bühnen-Performances an. Alle außer dem Schlagzeuger tobten auf der Bühne herum und heizten dem Publikum ein, das sie auch direkt ansprachen. Jeder Beatle verdiente dafür 30 Mark die Woche.

Nach den anstrengenden Shows zog es die Beatles in Bars und Kneipen auf St. Pauli. Ihre Unterkunft, die Ihnen Bruno Koschmider stellte, war auch wirklich alles andere als attraktiv: In zwei fensterlose Hinterzimmer seines **Kinos Bambi** an der **Paul-Roosen-Straße 33** (Erinnerungstafel an der Hausfassade) ließ er Feldbetten stellen, eine Dusche gab es nicht. Zur Toilette mussten die Musiker ins Kino oder ins Indra gehen. So mancher Fan ist übrigens davon überzeugt, dass Lennon und McCartney die Hausnummer des Indra später im Song »When I'm sixty-four« verarbeitet haben.

Im Indra hatten die Beatles 1960 ihren ersten Auftritt in Deutschland

Der 15. Oktober 1960 veränderte schließlich einiges. Paul McCartney und John Lennon gingen zusammen mit den Hurricanes ohne deren Frontman

Die Beatles auf St. Pauli

17. August–3. Oktober 1960
Allabendlich mehrstündiger Auftritt im »Indra«

4. Oktober–29. November 1960 Fast jeden Abend mehrere Auftritte im »Kaiserkeller«

15. Oktober 1960 Erste Tonaufnahme der »Fab Four«

Ende Oktober 1960 Eröffnung »Top Ten« im Hippodrom auf der Reeperbahn, bald Gastauftritte der Beatles

27. März–2. Juli 1961 Regelmäßige Auftritte im »Top Ten«

13. April–31. Mai | 1.–14. November | 18.–31. Dezember 1962 Allabendlicher Auftritt im »Star Club«

Rory Storm in ein kleines Tonstudio in der **Kirchenallee 57.** Die Hurricanes kannten sie von gemeinsamen Auftritten in Koschmiders wesentlich größerem Lokal Kaiserkeller an der **Großen Freiheit 36.** Im Tonstudio nahmen sie gemeinsam drei Songs auf, darunter »Summertime«. Dieses Stück sang Lou Walters von den Hurricanes, begleitet von John Lennon, Paul McCartney, George Harrison und Ringo Starr, damals noch Schlagzeuger der Hurricanes. Leider ist keins der vier Exemplare dieser Aufnahme erhalten.

Am 29. November 1960 sollten die Beatles eine neue Unterkunft beziehen. Jung und übermütig wie sie waren – vielleicht auch nicht ganz nüchtern – hängten Paul McCartney und Pete Best brennende Kondome auf, nachdem die Glühbirne im Raum ihren Geist aufgegeben hatte. Irgendwie bekam Bruno Koschmider, der den Beatles kurz zuvor die Zusammenarbeit gekündigt hatte, da sie mit ihrem Musiker-Kollegen Tony Sheridan von der Band »The Jets« im Konkurrenzklub Top Ten aufgetreten waren, davon Wind. Sofort zeigte er die beiden bei der Polizei wegen Brandstiftung an. Das brachte Paul und Pete eine Nacht in Deutschlands berühmtester Polizeiwache, der **Davidwache** am Spielbudenplatz 31, ein (▶ Seite 61).

Am nächsten Morgen ließ die Polizei die Vorwürfe fallen, wies aber dennoch die gesamte Band wegen fehlender Arbeitsgenehmigungen aus Deutschland aus. Stu Sutcliffe blieb mit polizeilicher Genehmigung bei seiner Hamburger Freundin. Der damals erst 17-jährige George Harrison war

Der Star Club war der Ort schlechthin für guten Rock 'n' Roll und ein Meilenstein in der Karriere der Beatles

schon am 21. November ausgewiesen worden, weil Koschmider der Polizei sein Alter gesteckt hatte. Nicht volljährig, war ihm der Aufenthalt in Nachtklubs nach 22 Uhr verboten. Dort zu arbeiten war komplett ausgeschlossen.

Zurück in England feierten die Beatles endlich ihren Durchbruch in der Heimat, und zwar am 27. Dezember in der Stadthalle von Litherland bei

Liverpool. Aber schon bald kehrten sie nach Hamburg zurück, wo sie vom 27. März bis 2. Juli 1961 im **Top Ten** an der **Reeperbahn 136** spielten. Das Top Ten schloss 1995 seine Türen, das Gebäude jedoch ist fast unverändert erhalten geblieben. Heute beherbergt es den **Club moondoo.**

Ihre letzten längeren Hamburg-Aufenthalte hatten die Beatles 1962, als sie mehrfach im neu eröffneten **Star Club** an der Großen Freiheit 39 gastierten. Der Live- und Nachtclub war damals einer der berühmtesten Deutschlands und imponierte mit einer großen Zahl an Rock 'n' Roll Bands, die dort auftraten. Jimi Hendrix, Little Richard, Ray Charles und Jerry Lee Lewis waren nur einige der Gäste, die das Publikum in Wallung brachten. 1969 wurde der Star Club geschlossen. Das Gebäude wurde nach einem Brand 1983 abgerissen. Heute erinnern nur noch zwei Gedenktafeln im Durchgang und im Hinterhof an den legendären Club.

Das Indra gibt es auch heute noch, allerdings ohne die einstigen akrobatischen Schönheitstänzerinnen und orientalischen Degenfechter, dafür aber nach wie vor mit Livemusik. An die Geschichte der Beatles erinnert eine goldfarbene Tafel an der Außenwand: »Am 17. August 1960 betraten die BEATLES die Bühne des INDRA. Es war ihr erstes Deutschland Engagement und der Beginn einer großen Karriere.«

Das rosa Häuschen beherbergte einst das Top Ten. Heute findet sich dort der Club moondoo

Viele Jahre ignorierte das offizielle Hamburg, dass St. Pauli eine entscheidende Station in der Geschichte des Rock'n'Roll war. Erst seit dem 11. September 2008 gibt es den **Beatles-Platz** an der Ecke Reeperbahn/Große Freiheit. Von Mai 2009 bis Juni 2012 stellte das private Museum »Beatlemania« die Geschichte der berühmten Band dar. Zudem gibt es in Hamburg mittlerweile mehrere Anbieter von Beatles-Touren, bei denen man auf den Spuren der berühmten Pilzköpfe wandeln kann.

Wo Filmgeschichte geschrieben wurde

Außerhalb Hamburgs ist St. Pauli vor allem als Rotlicht- und Vergnügungsviertel bekannt, auch wenn der Stadtteil überwiegend ein Wohn- und Geschäftsviertel ist, wenn auch ein spezielles. Doch oft wird der Begriff »St. Pauli« synonym für den Kiez an der legendären Reeperbahn genutzt, zu dem unter anderem die Große Freiheit, die Herbertstraße sowie weitere Parallelstraßen der Reeperbahn und des Spielbudenplatzes gehören.

»Auf der Reeperbahn nachts um halb eins« kann man viel erleben. Das wusste schon **Hans Albers.** Allerdings wirklich nur nachts, denn die Vergnügungsmeile, auf der sich Bars, Theater, Diskotheken und Nachtclubs aneinanderreihen, ist am hellichten Tag eher unspektakulär. Erst am sehr späten Abend erwacht sie zum Leben. Dann ist die **Reeperbahn** samt der abzweigenden Parallel- und Seitenstraßen einer der begehrtesten Anlaufpunkte für Nachtschwärmer.

Insbesondere die **Große Freiheit** war und ist eines der heißesten Pflaster der Ecke. Bis heute finden sich im verkehrsberuhigten Abschnitt der Straße zwischen Reeperbahn und Simon-von-Utrecht-Straße Striplokale und mit dem »Safari« die wohl letzte verbliebene Live-Sex-Showbühne Hamburgs. Dazwischen haben sich Livemusik-Clubs und ganz normale Kneipen angesiedelt, die von der leicht schwülen Atmosphäre der Straße profitieren.

Anfang des 20. Jahrhunderts war die Große Freiheit neben der Schmuckstraße zudem ein wesentlicher Teil der kleinen Hamburger Chinatown (▶ Seite 62) und in den 1940er Jahren Namensgeber und Schauplatz für einen der bekanntesten Filme des Parade-Hanseaten Hans Albers: **Große Freiheit Nr. 7.**

Große Freiheit Nr. 7

Hamburg-St. Pauli | Große Freiheit 7 | www.grossefreiheit-nr7.de | S-Bahnhof Reeperbahn

In dieser aufwändigen Farbfilm-Produktion von 1944 spielt der blonde Hans einen dem Alkohol verfallenen, gealterten Ex-Matrosen namens Hannes Kröger, der als Stimmungssänger auf St. Pauli im Rotlicht-Lokal »Hippodrom« seiner Geliebten Anita auftritt. Seinem auf dem Sterbebett liegenden Bruder verspricht er, sich um dessen Ex-Geliebte Gisa zu kümmern. Er nimmt sie mit nach Hamburg und verliebt sich allmählich in das Kleinstadt-Mädchen, das er »La Paloma« nennt. Diese aber, froh der süddeutschen Kleinstadt mit ihren rigiden Moralvorstellungen entkommen zu sein, verguckt sich in den Werftarbeiter Georg. Die beiden Männer prügeln sich und Gisa entscheidet sich am Ende für Georg. Der unstete Hannes verabschiedet sich daraufhin von Anita und fährt wieder zur See.

Die Große Freiheit ist eines der heißesten Pflaster Hamburgs: Hier reihen sich Bars an Clubs und Striplokale

Das **Hippodrom,** im Film unter der berühmten Hausnummer 7 beheimatet, gab es wirklich. Allerdings befand es sich in der Großen Freiheit 12. Schon vor dem Ersten Weltkrieg konnte man dort leicht bekleidete Damen zu Musik auf Pferden im Kreis reiten lassen. Für den dreifachen Preis ging es statt im Trab im Galopp. Was heute reichlich kurios klingt, galt damals als »größte Sehenswürdigkeit Hamburg-Altonas«. In der **Großen Freiheit 7** befindet sich heute ein modernes Tanzlokal, das natürlich seine berühmte Adresse als Namen trägt.

Dabei sollte Hans Albers bekanntester Film eigentlich nur »Große Freiheit« heißen, ohne Hausnummer. Doch die Nazis hatten Angst, dass das Publikum diesen Namen als politische Anspielung verstehen könnte. So entschärften sie den Titel durch eine beliebige Hausnummer.

Seefahrer-Romantik und ein bisschen Rotlichtmilieu, aus diesem Stoff sollte der Durchhaltefilm sein, den Helmut Käutner auf farbiges Zelluloid bannte. Die Entstehung des Films war jedoch mehr als holprig, denn die Große Freiheit war zu Drehbeginn bereits kriegszerstört, so dass sie in den UFA-Studios in Berlin-Tempelhof nachgebaut werden musste. Doch auch hier schlugen Bomben ein, und man verlegte die Produktion ins von Deutschland okkupierte Prag. Aber die Außenaufnahmen mussten im Ham-

Eine sündige Meile: Der Zutritt zur berühmt-berüchtigten Herbertstraße bleibt Frauen und Jugendlichen verwehrt

burger Hafen gedreht werden, dessen Umgebung völlig unzerstört wirken sollte. Ein Kunststück, auch was die Hafenbecken betraf, die mit Tarnnetzen bedeckt waren, die Luftangriffe erschweren sollten.

Im Sommer 1944 war der Film abgedreht, er wurde jedoch nur in Schweden, Dänemark und der Schweiz uraufgeführt, denn Propagandaminister Joseph Goebbels gab den Film für Deutschland nicht frei. Handlung und Charaktere passten nicht zur Nazi-Ideologie. Ebenso wenig das Rotlichtviertel auf St. Pauli.

Damals hat auch die **Herbertstraße** ihre Sichtblenden erhalten. Prostitution war damals nämlich strikt verboten, was sich allerdings nicht konsequent durchsetzen ließ. Nach dem Motto »Aus den Augen, aus dem Sinn« riegelten die Nazis die Herbertstraße ab und verwehrten Frauen den Zutritt. Die rund 60 Meter lange Bordellstraße ist bis heute nur Männern zugänglich – und natürlich den Frauen, die dort arbeiten.

Unweit der Herbertstraße, an der Kreuzung Reeperbahn/Davidstraße, befindet sich die wohl bekannteste Polizeiwache des Nordens: die **Davidwache.** 1914 eröffnet, ist das kleinste Polizeirevier Deutschlands vor allem durch Film- und Fernsehproduktionen über Hamburgs Grenzen hinweg zu großer

Die Davidwache war schon Schauplatz für so manche Fernsehproduktion

Berühmtheit gelangt. Paul McCartney und Pete Best lernten sie in den 1960er Jahren von innen kennen, nachdem sie wegen Brandstiftung eine Nacht dort zubringen mussten (▶ Seite 54).

In der nahegelegenen Silbersackstraße kann man in der legendären Kultkneipe **Zum Silbersack** die Jukebox mit Hans-Albers-Krachern zum Glühen bringen. Die 1949 eröffnete Kneipe war nach dem Tod der Betreiberin Erna Thomsen im Mai 2012 fast dem Untergang geweiht, konnte jedoch von 18 Investoren gerettet werden. Seit August 2012 ist sie wieder geöffnet.

Wo Hamburgs Chinatown lag

In den 1920er Jahren hatte sich in Hamburg direkt an der Reeperbahn ein kleines Chinesenviertel etabliert – die einzige »Chinatown« Deutschlands. Viele der Bewohner waren ursprünglich Besatzungsmitglieder europäischer Handelsschiffe gewesen und hatten keine Lust mehr auf den schlecht bezahlten Job als Heizer oder Wäscher. Und so kehrten zahlreiche Chinesen vom Landgang nicht mehr zurück, sondern blieben in Hamburg, wo sie in rascher Folge mondäne Vergnügungslokale, bescheidene Chop-Suey-Restaurants, kleine Läden und Bars eröffneten.

Hong-Kong Bar & Hotel
Hamburg-St. Pauli | Hamburger Berg 14 | (040) 31 24 79 | S-Bahnhof Reeperbahn

Vor allem in der **Schmuckstraße,** aber auch in der **Großen Freiheit** ließen sich die Neuankömmlinge nieder. Im 1924 eröffneten **Café und Ballhaus Cheong Shing** an der **Großen Freiheit 24–26** tanzten chinesische Seeleute, Einwanderer und Deutsche beiderlei Geschlechts zur aktuellen Jazzmusik, live von einer Kapelle dargeboten. Ganz ähnlich war das Programm im Tanzlokal **Neuchina** in der **Großen Freiheit 11,** in dem außerdem Nackttänzerinnen auftraten. Hier lernten Chinesen deutsche Frauen kennen und zuweilen lieben, was damals gar nicht gern gesehen war.

In einigen Kellern an der Schmuckstraße wurde Opium gekocht, und auch Gerüchte über ein geheimes Tunnelsystem der Chinesen gab es. Das schreckte Polizei und Behörden auf. 1925 verschärfte man das Hafengesetz. Nun mussten der Hafenpolizei detaillierte Listen übergeben werden, in denen Identität und »Rasse« aller Landgänger zu verzeichnen waren. In zeitgenössischen Polizeiberichten wurden Chinesen offen als »unsauber« diffamiert, ihre Aufenthaltsorte als potenzielle »Krankheitsherde« bezeichnet. Versuche,

die Ostasiaten generell zu kriminalisieren, scheiterten trotz großen Fahndungsaufwands. Zwar wurde hier und da das verbotene Opium gefunden, organisiertes Verbrechen konnte den Hamburger Chinesen aber nicht nachgewiesen werden.

Ab 1936/37 gab es regelmäßig Zoll- und Gestapo-Razzien in Hamburgs Chinatown, die sich nach der Kriegserklärung Chinas an Nazi-Deutschland Ende 1941 verschärften. Nun galten Chinesen in Deutschland – wie schon im Ersten Weltkrieg – als »feindliche Ausländer«. Gipfel- und Schlusspunkt der Verfolgung war die **Chinesenaktion** am 13. Mai 1944. 200 Polizisten und Gestapo-Leute zerrten 129 Chinesen unter dem Vorwurf der »Feindbegünstigung« aus Wohnungen, Geschäften und Lokalen auf St. Pauli und verschleppten sie ins Gestapo-Gefängnis Fuhlsbüttel beziehungsweise in ein »Arbeitserziehungslager« nach Wilhelmsburg, wo sie schwere Zwangsarbeit leisten mussten. 20 Hamburger Chinesen überlebten das nicht.

Heute sind kaum noch Spuren des einstigen Chinesenviertels zu finden, fast alle Restaurants und Läden sind mittlerweile verschwunden. Auch die mondänen Vergnügungslokale sowie die zahlreichen Kellerlokale in der heute völlig heruntergekommenen **Schmuckstraße,** an der allabendlich venezolanische Transsexuelle um Kundschaft buhlen, gibt es nicht mehr.

Den Krieg und die Abrissbirne überstanden hat das bescheidene Haus **Nummer 9,** in dem Fok Kam Sing, der eine Deutsche geheiratet hatte, ein kleines Lokal betrieb. Im selben Haus

Chinatown

1920er Etablierung einer »Chinatown«

ab 1936/37 Regelmäßige Zoll- und Gestapo-Razzien

1944 »Chinesenaktion«

2010 Dokumentarfilm »Fremde Heimat« über die Hong-Kong-Bar

GESCHICHTE

Die Hong Kong Bar ist das letzte existierende Lokal der einstigen Chinatown

wohnte Woo Lie Kien, der 1936 die Gaststätte im Nachbarhaus (Nummer 7) übernahm und ab 1939 mit einer deutschen Mitarbeiterin liiert war. Auf dem Gehweg vor dem Wohnhaus-Neubau **Schmuckstraße 7** ist ein kleiner quadratischer Messingblock eingelassen, ein so genannter Stolperstein. Auf ihm finden sich die Lebensdaten von Woo Lie Kien, der im Herbst 1944 im Krankenhaus an den Folgen der Misshandlungen im Gestapo-Gefängnis Fuhlsbüttel starb.

In der Schmuckstraße lebten vor dem Zweiten Weltkrieg viele Chinesen

Nur ein einziges Lokal der einstigen Chinatown hat bis heute überdauert: Die **Hong-Kong-Bar** des gleichnamigen Low-Class-Hotels am Hamburger Berg, in den 1930ern von Chong Tin Lam gegründet, als die kleine Querstraße der Reeperbahn noch Heinestraße hieß. 1926 war Chong nach Hamburg gekommen und hatte zunächst im Unternehmen seines Onkels mitgeholfen. Bald baute er sich sein eigenes Lokal auf, in dem er am Abend des 13. Mai 1944 festgenommen wurde. Die Nazis warfen ihm Spionage und »Feindbegünstigung« vor, plünderten seine Lebensmittelvorräte, stahlen seine Wertsachen und sperrten ihn ohne jegliches Gerichtsverfahren in ein Arbeitslager. Kurz vor Kriegsende wurde er aus dem Lager entlassen. Als er viel später versuchte, eine Haftentschädigung durchzusetzen, blieb das erfolglos: Bundesdeutsche Gerichte bezeichneten die »Chinesenaktion« als »gewöhnlichen polizeilichen Vorgang«.

Vier Konstanzer Studierende haben 2010 über die Hong-Kong-Bar und ihren Gründer einen Film gedreht, den Dokumentarfilm **Fremde Heimat.** Er porträtiert das seit der Nachkriegszeit kaum veränderte Lokal, seine knorrigen Besucher und vor allem die Wirtin Marietta Solty, Chongs nicht eheliche Tochter.

Wo sich eines der bedeutendsten Gräberfelder der Welt verbirgt

Schlagartig wird es still, nachdem sich die eiserne Gittertür hinter einem geschlossen hat. Und man fragt sich, ob das Rauschen der vierspurigen **Königstraße** wirklich nachgelassen hat oder ob es die Atmosphäre des jüdischen Friedhofs ist, die einem das plötzliche Gefühl von Ruhe vermittelt. Unter riesigen Laubbäumen liegen hier mehrere tausend uralte Gräber, nur einen Steinwurf von der trubeligen Reeperbahn entfernt. Fast alle der ursprünglich etwa 8000 Grabsteine aus dem 17. bis 19. Jahrhundert haben die Zerstörungen der Vergangenheit zumindest einigermaßen überstanden. Damit ist der knapp 1,9 Hektar große jüdische Friedhof in der Königstraße eines der bedeutendsten Gräberfelder der Welt. Hamburg hat der Kulturministerkonferenz der Länder daher seine Aufnahme in die Weltkulturerbe-Liste der UNESCO vorgeschlagen.

Jüdischer Friedhof Altona

Hamburg-Altona | Königstraße 10 A | (040) 34 42 93 | www.jüdischer-friedhof-altona.de | S-Bahnhof Reeperbahn oder Königstraße

Öffnungszeiten Oktober bis März Di, Do und So 14–17 Uhr, April bis September Di und Do 15–18 Uhr, So 14–17 Uhr | Führungen jeden Sonntag 12 Uhr

Männer werden um das Tragen einer Kopfbedeckung gebeten

Schon bei einem flüchtigen Blick durch den Zaun fällt auf, was die Besonderheit dieses Friedhofes ist, der von 1611 bis 1877 in Betrieb war: Ein kleineres Areal mit liegenden Grabsteinen, überwiegend in Form von Grabplatten, ist klar abgegrenzt von dem Teil des Friedhofs mit senkrecht aufgestellten Grabsteinen, die alle nach Osten ausgerichtet sind. Der kleinere Teil mit den liegenden Grabsteinen ist der Friedhof der **sephardischen Juden,** also der portugiesischstämmigen. 1611 angelegt, ist er der älteste Portugiesenfriedhof Nordeuropas.

Da jüdische Gräber niemals beseitigt werden dürfen, sind die Friedhöfe »für die Ewigkeit« angelegt. Damit versteht es sich von selbst, dass sie nur auf Grundeigentum jüdischer Gemeinden errichtet werden können. Und so kauften die drei wegen der Inquisition aus **Portugal** nach Altona emigrierten Juden Andre Falero, Ruy Fernandes Cardoso und Álvaro Dinis am 31. Mai 1611 vom gräflichen Grundeigentümer ein Stück Land, auf dem noch im selben Jahr die ersten drei Gemeindemitglieder beigesetzt wurden.

Schon wenige Jahre später, irgendwann zwischen 1612 und 1616, erwarb die Altonaer Hochdeutsche Judengemeinde das angrenzende Grundstück,

Jüdischer Friedhof Altona

31. Mai 1611 Portugiesische Juden kaufen in Altona ein Friedhofs-Grundstück

1612–1616 Erwerb des Nachbargrundstücks durch die Hochdeutsche Judengemeinde

1668, 1710, 1745, 1806 Erweiterungen des aschkenasischen Friedhofs

1869 Schließungsanordnung

1902 Verlegung von 300 Gräbern wegen Verbreiterung der Königstraße

Ab 1939 Zerstörungen durch Vandalismus

1942/43 Zwangsverkauf an die Stadt Hamburg

1960 Denkmalschutz

2007 Eröffnung Eduard-Duckesz-Haus

um dort ebenfalls einen Friedhof anzulegen. Die Gräber der deutschen und osteuropäischen Juden, die man auch **aschkenasische Juden** nennt, sind leicht an den senkrecht aufgestellten Grabsteinen zu erkennen. 1616 fand hier die erste Beerdigung statt. Bis ins späte 19. Jahrhundert wurden die Toten der beiden Sprachgruppen auf den benachbarten Friedhöfen beigesetzt, wobei der aschkenasische Teil mehrfach erweitert wurde. 1869 ordnete die Behörde die Schließung der Friedhöfe an, danach wurden nur noch einige wenige Bestattungen mit besonderer Erlaubnis vorgenommen.

Im Gegensatz zu den aschkenasischen Grabsteinen, die bis ins 18. Jahrhundert ausschließlich hebräisch beschriftet wurden, finden sich auf den ältesten sephardischen Steinen häufig auch zweisprachige Inschriften. Eine Besonderheit sind die kostbaren sephardischen Pyramidalsteine aus schwarzem oder weißem Marmor, Grabsteine in Zeltform, die an besonders einflussreiche Verstorbene erinnern. Auch fällt auf, dass die sephardischen Grabsteine viel mehr dekorative Elemente tragen als die aschkenasischen, was sich wohl durch den Einfluss der katholischen Grabkunst im Herkunftsland der portugiesischen Juden erklärt.

Auf dem aschkenasischen Teil, dessen Steine oft mit typisch jüdischen Motiven wie dem Davidstern, dem siebenarmigen Leuchter oder der Levitenkanne verziert sind, wurden unter anderem **Fromet Mendelssohn,** Witwe des Philosophen Moses Mendelssohn und Großmutter des Komponisten Felix Mendelssohn Bartholdy, und **Samson (Sigmund) Heine** beigesetzt, der Vater des

Die Levitenkanne weist auf eine levitische Herkunft des Verstorbenen hin. Die Leviten wuschen den Priestern vor dem Opferkult die Hände

Schriftstellers Heinrich Heine. Sein Grab ist in der Nazi-Zeit zerstört worden.

Um den Friedhof und das Besucherzentrum **Eduard-Duckesz-Haus** betreten zu können, muss man erst einmal klingeln. Denn wegen befürchteter

Sephardische Gräber erkennt man an den flachen Grabplatten oder an der Pyramidenform aus Marmor

Vandalismus-Schäden ist der Friedhof mit einem massiven Zaun gesichert.

Mehr Zerstörung als Diebstahl, Vandalismus und Luftangriffe im Zweiten Weltkrieg haben übrigens Autoabgase, Erschütterungen durch die unterridisch fahrende S-Bahn und vor allem unsachgemäße Gärtnerarbeiten angerichtet. Obwohl der Friedhof 1960 unter Denkmalschutz gestellt wurde, rumpelten Rasenmäher und schabten Laubrechen über die uralten Grabplatten, man düngte mit Thomasphosphat-Kali, der Marmor zerfrisst.

Insbesondere der Portugiesenfriedhof wurde in den letzten hundert Jahren umfassend erforscht. Jeder einzelne Grabstein wurde dokumentiert und fotografiert. Die Inschriften wurden übesetzt. Bei Fragen können sich die Besucher an die Mitarbeiter des Eduard-Duckesz-Hauses wenden.

Wo der FC St. Pauli kickt

Mitten in der Großstadt, am Eingang zur kultigen Reeperbahn, liegt das Millerntor-Stadion eingekeilt zwischen einem gewaltigen Flakbunker aus dem Zweiten Weltkrieg und den Fahrgeschäften des Doms – zumindest in den drei Monaten im Jahr, in denen das riesige Volksfest stattfindet. Hier kickt der Ausnahme-Verein **FC St. Pauli** nun schon seit über hundert Jahren, offiziell seit 1910.

Das Millerntor-Stadion ist nach einem Hamburger Stadttor benannt, das bis zur Mitte des 19. Jahrhunderts jede Nacht fest verrammelt wurde. Längst ist das **Millerntor** abgebrochen, nur ein klassizistisches Wachhäuschen blieb erhalten. Es steht heute am Millerntordamm, ganz nah am U-Bahn-Ausgang. Von hier hat man einen weiten Blick über das **Heiligengeistfeld,** das seinen Namen von der landwirtschaftlichen Anbaufläche eines längst abgerissenen Krankenhauses hat, dem Hospital zum Heiligen Geist. Dieses Feld lag vor den Wallanlagen der Stadt Hamburg, und nach deren Schleifung blieb es als riesige innerstädtische Fläche erhalten.

Zu Beginn des 20. Jahrhunderts war das Heiligengeistfeld noch viel größer als heute. Zahlreiche Vereine kickten auf etwa zehn improvisierten Plätzen. Zu Beginn liefen sogar Spaziergänger zwischen den Sportlern herum, eine Abgrenzung des Spielfelds zur Umgebung existierte noch nicht. Doch schon 1919 wurde das Ganze perfektioniert. Der Turnverein, aus dem später der FC St. Pauli hervorging, kaufte das Gelände, das an seine riesige Sporthalle angrenzte. Dort stand ein Reliefbild, das Panorama der Schlacht von Weißenburg im deutsch-französischen Krieg von 1870/71. Kurzerhand wurde das Panorama, übrigens damals das Wahrzeichen des Heiligengeistfelds, abgerissen, und ein Fußballplatz errichtet.

Eigentlich sollte ein »Deutscher Kampfplatz« hier entstehen, ein Stadion für 80 000 Zuschauer, umringt von weiteren Sportanlagen. Doch dazu kam es nicht, die Weltwirtschaftskrise durchkreuzte die hochfliegenden Pläne des Vereins. Das Geld reichte nur für einen Rasenplatz ohne jegliche Zuschauertribüne. Diese wurde erst 1933/34 aufgeschüttet, doch schon 1935 requirierte die NSDAP die Sportfläche für eine riesige Landwirtschaftsausstellung. Im folgenden Jahr konnte der Club dann wieder auf seinem eigenen Platz kicken, bis der Zweite Weltkrieg

Millerntor-Stadion
Hamburg-St. Pauli | Heiligengeistfeld 1 | Kartentelefon (040) 31 78 74 51 | www.fcstpauli.com | U-Bahnhof St. Pauli

Führungen Do 14 Uhr, Fr 13.30 Uhr, Sa/So 10.30 Uhr (außer an Heimspieltagen) | Gruppenführungen auf Anfrage

Was den FC St. Pauli und das Millerntor-Stadion so besonders macht, erlebt man am besten bei einem Heimspiel

den Spielbetrieb vorerst beendete.

Schon im Herbst 1946 war der kriegszerstörte Platz wiederhergestellt, aus Bombenschutt haben Spieler und Fans ohne jegliche Genehmigung einen neuen Tribünenwall errichtet. Prompt gab es Ärger, das Bauamt forderte den Abriss des Schwarzbaus. 1947 hatte der FC St. Pauli mit 36 Fußballmannschaften sowie 13 Handball- und vier Rugbyteams die größte Rasensport-Abteilung Hamburgs. Die Sportler brauchten Spielflächen, und so wurde der Bau von acht Übungsplätzen und einem neuen Stadion geplant.

Aber erst 1961 konnte das neue Stadion, nordwestlich vom alten Platz, eröffnet werden. Sportlich glänzte der FC St. Pauli – er spielte in der Oberliga – aber der neue Platz war eine Katastrophe. Nach jedem längeren Regenguss verwandelte sich die Rasenfläche in tiefen Morast. Tatsächlich hatte man beim Bau die Dränage vergessen.

Bis zur Wiedereröffnung vergingen einige Jahre, der Verein bezog sein Ausweichquartier beim SC Victoria. Am 10. November 1963 wurde das neue Millerntor-Stadion zum zweiten Mal eingeweiht, mit einem grandiosen Sieg. Die Braun-Weißen fegten den VfL Wolfsburg mit einem 6:0 vom Platz.

Der FC St. Pauli kickt schon seit über 100 Jahren im Millerntor-Stadion

Bis Ende der 1970er Jahre ging es auf und ab mit dem Verein, doch 1979 war der FC St. Pauli so gut wie pleite. Gleichzeitig wurden ganz im Geheimen Pläne für einen Stadion-Neubau geschmiedet und 1982 sogar ein Bauantrag gestellt. Die hochfliegenden Pläne platzten wegen der wirtschaftlichen Situation, dafür wurde nun der Grundstein für den **Mythos FC St. Pauli** gelegt.

Damals besuchten nur noch wenige Fans die Spiele, darunter reichlich Freunde von Randale. Gleichzeitig wurden in der Hafenstraße Häuser besetzt (▶ Seite 44). Den FC St. Pauli-Fans und den Hausbesetzern gemein war die Liebe zum Stadtteil St. Pauli, gern auch »Kiez« genannt, dessen rasante Kommerzialisierung sie ablehnten. Der Fußballclub am Millerntor stand dabei für das »Echte«, das antiquierte Stadion wurde Kult. So verbanden sich Fußball- und Hausbesetzer-Szene, und 1987 wehte die erste **Totenkopf-Fahne** im Millerntor-Stadion.

Doch 2003 wäre es fast zu Ende gegangen mit dem Millerntor-Stadion und dem FC St. Pauli. Das Undenkbare konnte aber noch mal abgewendet werden, nicht zuletzt dank der Fans. Schon seit der Saison 1999/2000 ging es dem Club finanziell schlecht. Auch sportlich stand es 2003 nicht zum Besten. Nach einer Spielzeit in der ersten und einer in der zweiten Bundesliga mussten die Braun-Weißen nun in der Regionalliga Nord kicken.

Doch kurz vor der drohenden Insolvenz konnte das Ruder herumgerissen werden: Vor allem der Verkauf von über hunderttausend der legendären **Retter-T-Shirts** spülte ausreichend Geld in die Vereinskasse. Unter dem Vereinswappen, umkränzt vom unbescheidenen, aber wahren Begriff »Weltpokalsiegerbesieger«, prangte auf den Hemden in Großbuchstaben »Retter« beziehungsweise »Retterin«. Und wer wollte das nicht sein? Den unzähligen Fans, die die Shirts ehrenamtlich verkauften, wurden die Retter-Hemden buchstäblich aus den Händen gerissen. Als europaweit keine braunen T-Shirts mehr aufzutreiben waren, bedruckte man eben andersfarbige.

Millerntor-Stadion

5. Mai 1900 Der St. Pauli Turnverein mietet ein Grundstück auf dem Heiligengeistfeld für Sportplatz- und Turnhallenbau

1919 Die Spielabteilung des Turnvereins kauft das »Panorama« auf dem Heiligengeistfeld und errichtet einen Fußballplatz

1925 Eintragung des »FC St. Pauli von 1910 e. V.« ins Vereinsregister

1933–1935 Bau einer professionellen Sportanlage mit Rasenplatz und Erdtribünen für 5000 Zuschauer

Bis August 1936 Instandsetzung des Millerntor-Sportplatzes

1945–1946 Wiederaufbau des kriegszerstörten Stadions mit Tribüne aus Trümmerschutt

1961 Einweihung des neuen Stadions am heutigen Standort

2003 Drohende Insolvenz

2007 Einweihung der neuen Südtribüne

GESCHICHTE

Diese Aktion festigte den Mythos vom FC St. Pauli als bundesweit einzigartigen Fußballverein. Einzigartig sind die Fans, einzigartig ist die Clubkultur und einzigartig ist das Stadion am Millerntor. Dass 2008 die neue **Südtribüne** offiziell eingeweiht wurde und auch ansonsten einiges am liebenswert antiquierten Stadion erneuert ist, tut dem Kult um den Verein keinen Abbruch. Immer noch wirkt das Millerntor-Stadion zusammengeschustert, sind seine Besucher bunt gemischt. Wenn sie zusammen skandieren, dass man es bis zum Neuen Pferdemarkt hört, ist eins klar: Hier geht es weniger um Siegen oder Verlieren als ums Zusammensein.

Wo Franz Lehár dirigierte

Eines der einzigartigsten Bauwerke Hamburgs steht nun schon seit Jahren leer und verfällt zusehends – die Schilleroper. Gut getarnt, zwischen unscheinbaren Mietshäusern, versteckt sich das unattraktive Gebäude in der Nähe des Ausgehviertels am Neuen Pferdemarkt. Der einstmals beliebte Vergnügungsort ist der letzte Zirkusbau des 19. Jahrhunderts in Deutschland.

Curvenstraße, Circusstraße, Bei der Schilleroper – das S-förmig gewundene Sträßchen in der Nähe stark befahrener Durchgangsstraßen hat schon viele Namen getragen. Angelegt wurde es 1889 auf Betreiben des Zirkusdirektors Paul Busch. Der hatte hier, an der Grenze der preußischen Stadt Altona zu Hamburg, ein 3000 Quadratmeter großes Grundstück erworben. Erst ein Jahr zuvor war der Berliner nach Altona gekommen, um seine Tiere und Artisten in einem eilig zusammengezimmerten Zirkus auftreten zu lassen. Damit nutzte er die Gunst der Stunde, denn gerade war der hölzerne Zirkusbau seines Konkurrenten Ernst Renz ein paar Straßen weiter in Flammen aufgegangen. Paul Busch hatte in wenigen Monaten so viel Erfolg, dass er sich schon bald eine moderne Stahlskelett-Konstruktion leisten konnte.

Im 19. Jahrhundert waren feste Zirkusgebäude üblich. Zunächst waren es einfache Holzkonstruktionen, aber bei der damaligen Gasbeleuchtung kam es häufig wie im Falle Renz' zu verheerenden Bränden. So suchte man nach einer preiswerten und langlebigen Alternative und kam auf die Stahlskelett-Bauweise, bis heute bekannt vom Pariser Eiffelturm. Aus filigranen Stahlelementen entstanden im späten 19. Jahrhundert riesige, elegant wirkende

1892 wurde der gewaltige Rundbau als Zirkus eröffnet, später wurde er ein Theater, dann ein Opernhaus

Bauwerke. Sie fungierten als Ausstellungs- und Markthallen, Gewächshäuser, Kultur- und Sportstätten, von denen heute nur noch wenige erhalten sind.

Umso bedeutsamer ist der gewaltige Rundbau des **ehemaligen Zirkus Busch.** 3000 Zuschauer fasste die 24 Meter hohe Halle. Ihr Dach wurde von zwölf senkrechten Stahlstreben gehalten. Dieser Bauteil ist bis heute leicht erkennbar: Er ist höher als die umgebende Dachfläche und trägt ein umlaufendes Fensterband. Ganz oben thronte die so genannte »Laterne«, die für Luft in dem Kuppelbau sorgte und heute verglast ist.

Schilleroper

Hamburg-St. Pauli | Bei der Schilleroper 14–20 | Metrobus 3 ab U-Bahnhof Feldstraße (Heiligengeistfeld) bis Haltestelle Neuer Pferdemarkt

Im Mai 1892 wurde Eröffnung gefeiert. Konkurrent Renz war einen Monat zuvor gestorben, das Publikum strömte in den modernen Zirkusbau. Trotz moderater Eintrittspreise zeigte Busch ein erstklassiges Programm. Die Tierdressuren wurden – ganz modern – in spektakuläre Revuen integriert. Doch schon 1899 kam das Aus für den Standort Circusstraße. Paul Busch bezog einen neuen festen Zirkusbau am Zirkusweg nahe der Reeperbahn.

1904 kaufte der Architekt Ernst Friedrich Michaelis den Zirkusrund, beantragte einen Umbau und eröffnete 1905 das **Schiller-Theater** mit etwa 1500 Plätzen. Hans Albers hatte hier am 24. April 1913 einen seiner ersten Auftritte – in einem plattdeutschen Stück. Volksstücke waren nun das Repertoire des Hauses, von der Kritik verrissen, vom Publikum geliebt. Sein Einzugsgebiet hatte das Volkstheater weiterhin in der näheren Umgebung, wo die Arbeiter wohnten. Die störten sich auch nicht am Prasseln der Regentropfen auf dem Wellblechdach, vergötterten lieber die Darstellerinnen und Darsteller,

die ihnen die Flucht in eine andere Welt ermöglichten – wenn auch nur für einen kurzen Abend.

Mit Beginn des Ersten Weltkriegs endete die große Zeit des Schiller-Theaters. Michaelis brachen die Einnahmen weg, die Schauspieler waren engagiert und mussten bezahlt werden. 1916 ging er pleite und verpachtete das Haus. Nun wurden Operetten gegeben. Die kamen beim Publikum nicht an, und auch all den nächsten Betreibern, die sich an klassischen und modernen Dramen oder Possen versuchten, war kein Erfolg beschieden. Außerdem fraß die Inflation das bisschen Ersparte der Leute auf, sie hatten nun wirklich andere Sorgen als die Frage: »Wohin heute Abend?«

Allmählich erfassten auch die großen politischen Auseinandersetzungen das Haus. Das Geld blieb knapp, der Bau begann an allen Ecken zu bröckeln. Immerhin konnte sich der jüdische Betreiber Max Ellenzweig von 1922 bis 1930 halten, dann ordnete die Baupolizei die Schließung des Theaters an. Zwar konnte das Haus nach der Sommerpause wieder öffnen, doch waren kaum Abonnements verkauft wor-

Seit Jahren steht die Schilleroper leer. Ihre Zukunft ist ungewiss

den. So kam es im Frühjahr 1931 zur Zwangsversteigerung. Zum ersten Mal wurde die Idee geäußert, den Bau abzureißen und auf dem Gelände einen Spielplatz einzurichten. Diese Idee geisterte bis in die 1990er Jahre durch die Bebauungspläne.

Allen Abrissplänen zum Trotz wurde der Stahlskelettbau flugs zu einem

massiv wirkenden Opernhaus im Stil der Neuen Sachlichkeit umgebaut. Am 4. September 1932 eröffnete Intendant Dr. Hanns Walther Sattler die **Oper im Schiller-Theater** mit einer Aufführung von Carl Maria von Webers »Freischütz«. Umgangssprachlich hieß das Haus nun **Schilleroper** und wird diesen Namen bis heute nicht mehr los.

Die Nationalsozialisten machten dem Intendanten, der mit vielen jüdischen Künstlern arbeitete, das Leben schwer. Irgendwann wurde er mürbe und akzeptierte auch Nazis im Ensemble. 1935 bot die NS-Organisation »Kraft durch Freude« Abonnements für die »volkstümliche Oper«

an. 1939 dirigierte Franz Lehár persönlich seine Operette »Giuditta« in der Schilleroper, doch zum Jahresende kam das endgültige Aus für Sattlers Bühne. Mit einer letzten Aufführung von »Drei heitere Stunden« schloss das Haus am Silvesterabend. Im Zweiten Weltkrieg diente der Bau als **Kriegs-gefangenen- und Zwangsarbeiter-lager.** Vor allem italienische Soldaten der so genannten Badoglio-Truppe waren hier interniert.

1950 setzte Alwin Hönisch, dem der im Krieg teilweise zerstörte Bau seit 1940 gehörte, seinen alten Plan um: eine Lkw-Werkstatt mit angeschlossenem **Einfachst-Hotel.** Hier quartierten sich Heimatlose für längere Zeit ein. Auch nach der Zwangsversteigerung 1952 änderte sich daran wenig. Nur kamen nun die in Südeuropa angeworbenen »Gastarbeiter« dazu. Neuer Eigentümer wurde die Familie Ehrhardt. Sie machte ihr Geld mit dem **Wohnheim** in den Anbauten des einstigen Theaters. Dabei startete sie immer neue Anläufe, den Rundbau wieder als Veranstaltungs-

Schilleroper

1889 Zirkusdirektor Paul Busch kauft das Gelände und plant einen Zirkusbau

1892 Eröffnung

1899–1904 Leerstand

1905 Eröffnung des Schiller-Theaters

1932 Umbau und Eröffnung der Oper im Schiller-Theater

1943 Teilzerstörung durch eine Brandbombe

1944–1945 Kriegsgefangenenlager

1955–1979 Sammelunterkunft für ausländische Arbeitskräfte

1989–1997 Sammelunterkunft für Asylbewerber

2006 Ende der Nutzung

ort zu etablieren, etwa als Ausweichquartier für das Schauspielhaus (▶ Seite 20) während dessen Sanierung. Doch die Behörden mauerten. Im März 1975 brach ein Feuer im Wohnheim aus, glücklicherweise kam niemand zu Schaden. Nun schwebte den Ehrhardts ein Hochhaus-Neubau vor, den der Bezirk aber ebenfalls ablehnte.

Im völlig heruntergekommenen Wohnheim-Trakt brachten die Hamburger Behörden zwischen 1989 und 1997 Asylsuchende und Wohnsitzlose unter. Über Jahrzehnte beherbergte das ehemalige Foyer Gastronomie, zuletzt einen loungigen Club, der im März 2006 schloss. Seit den 1980ern gab es diverse Pläne für das einzigartige Gebäude: vom Zirkus im Roncalli-Stil über den hochmodernen Veranstaltungssaal bis zur Markthalle. Doch geschehen ist bis heute nichts. Daran erinnerten am 1. Oktober 2011 zehn Sympathisanten der Recht-auf-Stadt-Bewegung, die den Bau für ein paar Stunden besetzten.

Wo Zarah Leander und Jopi Heesters auftraten

Man sieht es ihr nicht an. Die Rote Flora ist der klägliche Rest eines Vergnügungstempels, der bis zum Zweiten Weltkrieg die Massen anzog. Heute liegen vor dem komplett mit Graffiti bedeckten einstigen Eingangsbauwerk Obdachlose auf Stapeln verrotteter Matratzen, vor sich Blechdosen für Geldspenden. Auf der anderen Straßenseite schlürfen wohlsituierte Szenegänger ihre Latte macchiato. Denn das Schulterblatt, abfällig als Latte-Macchiato-Strich bezeichnet, ist eine der Hauptstraßen des Schanzenviertels, das sich im letzten Jahrzehnt zum Ausgeh- und Touristen-Hotspot entwickelt hat.

Rote Flora

Hamburg-Schanzenviertel | Schulterblatt 71–73 | geöffnet zu Veranstaltungen siehe www.nadir.org/nadir/initiativ/roteflora | U-/S-Bahnhof Sternschanze

WO

Da wirkt die **Flora** wie aus der Zeit gefallen, hat sie sich doch in den letzten 20 Jahren kaum verändert. Hier wehen nach wie vor Transparente, kleben Plakate, und neben reichlich unpolitischen Graffiti schmücken auch die Insignien der linksautonomen Bewegung ihre Mauern. Jedes Jahr zum 1. Mai ist sie Sammelpunkt für die ritualisierten Gefechte mit der Polizei.

Solche Szenen waren unvorstellbar, als am 2. Juni 1889 das **Gesellschafts- und Concerthaus Flora** eröffnete. Es war der Nachfolger eines einfachen hölzernen Veranstaltungsbaus, der 4000 Besucher gefasst haben soll. Mit Varietéprogrammen, Operetten und Theaterstücken lockte die Flora ein großes Publikum an und jagte damit dem nahe gelegenen Zirkus Busch, heute bekannt als Schilleroper (▶ S. 74) die Gäste ab, war sie doch der entschieden edlere Bau. Große Stars wie Zarah Leander, Hans Albers und Johannes Heesters standen hier auf der Bühne. Zudem verfügte die Flora über einen prächtigen Garten, der abends elektrisch beleuchtet wurde – damals eine Sensation.

Der riesige Garten zog sich vom massiv gemauerten Eingangsbauwerk, dessen Reste bis heute überdauert haben, bis zum Konzert- und Ballsaal an der Lippmannstraße. Hier stiegen Freiballons in den Himmel, wurden gewaltige Feuerwerke abgebrannt und Wandelkonzerte gegeben, denen 6000 Interessierte lauschen konnten. Vom mächtigen Eingangsbauwerk mit Gesellschaftsräumen und Café gelangte man in den **Crystallpalast,** eine elegante Stahl-Glas-Konstruktion im Jugendstil. Das Ambiente muss traumhaft gewesen sein.

Doch schon Ende der 1920er Jahre ging das Unternehmen pleite, es folgten Ringkämpfe im ehemaligen Ballsaal, der einem der ersten Luftangriffe im

Zweiten Weltkrieg zum Opfer fiel. Den einst prächtigen Garten dominierte nun ein Hochbunker.

Nach dem Zweiten Weltkrieg wurde der Crystallpalast mit viel Beton verschalt und diente dem **Flora-Filmtheater** als finsterer Kinosaal – genau das Gegenteil seiner eigentlichen Bestimmung. 1964 war auch damit Schluss, und das **Kult-Kaufhaus 1000 Töpfe** zog ein. Aus dieser Ära stammt die gelbe Fassadenfarbe, die hier und da zwischen den Graffiti durchblitzt. Die baufälligen Obergeschosse wurden 1974 abgerissen und durch ein Flachdach ersetzt. Ende 1987 zog 1000 Töpfe aus. Mit dem Abbruch des Crystallpalasts am 21. April 1988 verschwand der größte Teil des historischen Floratheaters. Nur das historische Eingangsbauwerk blieb stehen.

Ende der 1980er Jahre sollte auf dem Flora-Grundstück ein Musical-Theater mit 2000 Sitzplätzen errichtet werden. Doch die autonome Bewegung wollte es anders. Im Mai 1988 begannen Gegner des Musicalprojekts stadtweit mit Protestaktionen, am 20. Juli drangen sie in den Gebäuderest am Schulterblatt ein. Im August ging der – teilweise gewalttätige – Protest weiter, und das mit Bauzäunen gesicherte Flora-Gelände wurde kurzzeitig gestürmt. Doch im Fokus von Behörden und Öffentlichkeit stand in jenen Jahren die Hafenstraße (▶ Seite 44), und so kam

Die Rote Flora wurde 1889 als Konzerthaus eröffnet. Hier traten Stars wie Zarah Leander und Johannes Heesters auf

Seit 1989 ist die Flora ein selbstverwaltetes links-autonomes Kulturzentrum ohne Miet- und Nutzungsvertrag

Rote Flora

1855 Bau des Holzpavillons »Tivoli am Schulterblatt« in riesigem Garten

1889 Eröffnung »Gesellschafts- und Concerthaus Flora«

1890 Eröffnung Crystallpalast

1895 Eröffnung Ballsaal

1936/37 Garagen- und Wohnungsbau im ehemaligen Ballsaal

1943 Ende des Spielbetriebs

1949 Wiederaufnahme des Spielbetriebs

1953–1964 Kinobetrieb »Flora-Filmtheater«

1964 Städtische Grundstücksgesellschaft erwirbt den Gebäudekomplex

1964–1987 Vermietung an »1000 Töpfe«

1988 Abriss der meisten Gebäudeteile

1. November 1989 Besetzung, seither Nutzung als Kulturzentrum »Rote Flora«

26. März 2001 Verkauf an Immobilienunternehmer

GESCHICHTE

es zu einer bemerkenswerten Entscheidung: Vielleicht aus taktischen Gründen gestattete die Stadt, Eigentümerin der Flora, im Herbst 1989 den Autonomen für sechs Wochen die Nutzung des Gebäuderests. Nun wurde das **Stadtteilzentrum Rote Flora** gegründet, das am 1. November 1989 für besetzt erklärt wurde. Seither ist die Rote Flora ein selbstverwaltetes links-autonomes Kulturzentrum ohne Miet- oder Nutzungsvertrag. Mehrmals im Monat finden Konzerte und vegane Kochsessions statt. In einer Werkstatt kann man an seinem Motorrad herumschrauben oder sein Fahrrad reparieren.

Wie es mit der Roten Flora weitergeht, weiß derzeit wohl niemand. Letzter überraschender Coup war der Verkauf des Gebäudes an den Immobilienhändler Klausmartin Kretschmer im Jahr 2001. Dadurch entledigte sich die Stadt kurz vor den Bürgerschaftswahlen eines ihrer heißen Eisen. Im Kaufvertrag war ein Rückkaufsrecht für zehn Jahre festgelegt, von dem die Stadt keinen Gebrauch gemacht hat. Nun könnte Kretschmer ein glänzendes Geschäft machen, belief sich doch sein Kaufpreis auf lediglich 370 000 Mark. Doch kampflos werden die Besetzer, die im Schanzenviertel viele Sympathisanten haben, ihr legendäres Zentrum sicher nicht aufgeben.

Wo Dittsche im Bademantel philoso-
phiert

Auf dem Gehweg am Straßenrand steht in Höhe der Hausnummer 172 eine
Parkbank mit den aufgemalten Umrissen eines Mannes. Sonst weist auf den
ersten Blick nichts darauf hin, dass die **Eppendorfer Grillstation** im Eppendorfer Weg etwas Besonderes ist. Das ändert sich nur an gewissen Sonntag-
abenden, und zwar immer dann, wenn in Oliver Kammerers Eimsbütteler
Imbissladen eine Folge der Kultserie **Dittsche – Das wirklich wahre Leben**
gedreht wird. Die am späten Sonntagabend live im WDR gesendete Stand-up-
Comedy-Serie hat bereits für die erste Staffel 2004 den Deutschen Fernseh-
preis gewonnen, 2005 den Grimme-Preis.

   An Dreh-Abenden drängen sich vor dem Imbissladen an der stark befahrenen Durchgangsstraße Eppendorfer Weg die Fans. Sie beobachten durch die
großen Fensterscheiben, wie sich zwei
Männer vor laufenden Kameras unter- Kurz bevor Dittsche (Mitte) den Imbiss
halten, der Imbisswirt und ein Mann zu nächtlicher Stunde betritt, sagt
in Gummilatschen, Jogginghose und Ingo (li.) zu Kröte (re.) »Chefvisite!«.
blau-weiß gestreiftem Bademantel, mit In der nächsten halben Stunde fliegen
fettigen Haaren und einer offenen Fla- Dittsches Lebensideen durch den Laden

sche Bier. Wobei »unterhalten« eigentlich ein viel zu freundliches Wort ist. Die beiden, **Ingo und Dittsche,** kriegen sich regelmäßig in die Wolle.

Der Grill ist längst aus, und wenn Dittsche ausnahmsweise einmal etwas zu essen bestellt, dann ist das etwas Kaltes, an dem er regelmäßig etwas auszusetzen hat. Abgesehen von Ingo und Dittsche ist der Imbissladen zu dieser späten Stunde fast leer. Nur »Schildkröte«, ein übergewichtiger älterer Mann mit langem Haar, trinkt abgewandt an einem Tisch sein Bier, scheint den beiden Diskutanten aber interessiert zuzuhören. Seinen Spitznamen verdankt er seiner Jacke aus Krokoleder-Imitat, die er seit Jahren trägt.

Ab und zu taucht auch ein mehr oder weniger prominenter Gast auf, der sich für gewöhnlich selbst spielt. Zu sehen waren bisher unter anderem Anke Engelke, Thomas Gottschalk, Harald Schmidt, Marius Müller-Westernhagen und sogar Hamburgs Erster Bürgermeister, Olaf Scholz. In einer Folge klopft Moderator Günther Jauch ans Fenster und Ingo sagt: »Der hat Hausverbot hier! Der Spinner!«

Die Sendung beginnt meist damit, dass Stammgast Dittsche irgendeine abenteuerliche Theorie aufstellt, wie sie gern in Kneipen entwickelt wird. Im Prinzip geht es dabei immer um aktuelle Themen zu Politik und Gesellschaft. Die geäußerten Ansichten basieren jedoch meist auf gefährlichem Halbwissen. Zwischendurch setzt er immer wieder die Bierflasche an die Lippen, mit den sprichwörtlich gewordenen Worten »das perlt«.

Dittsche ist Kult. Deutscher Fernseh-preis, Grimme-Preis und eine Bank

Muggelicher Sitzplatz, ma΄ sagn jetzt

OU·DITA
(Olli Dittrich)

Multitalent Olli Dittrich, Erfinder der Figur, zeigt in seiner Rolle als Dittsche seine Sympathie für jene, die durchaus etwas im Kopf und viel Zeit haben, um sich Gedanken zu machen, aber irgendwie auf halbem Wege stecken bleiben. Für Dittrich ist Dittsche »ein klassischer Loser, der aber nicht unbedingt dumm sein muss. Ein Typ Mensch, wie er auch im wahren Leben vorkommt: Einerseits hat er völlig vergessen, zu pflegen, wer er ist, andererseits ist er durchaus intelligent. Sein soziales Umfeld findet Ditt-

sche in einer Welt, in der sich die Gesprächspartner nicht wehren können.«
(DIE ZEIT). Dittsche scheint einsam zu sein und dringend menschlichen Kontakt zu suchen. Ob Jogginghose, Latschen und Bademantel seine Spätabendbekleidung sind oder ob er darin den ganzen Tag verbracht hat, wer weiß das schon.

Wenige Stunden dauert die Vorbereitung einer 30-minütigen Episode für gewöhnlich. Olli Dietrich alias Dittsche und sein Team planen nur grob die Sendung, dann wird live improvisiert, ohne vorgeschriebenes Drehbuch, ohne unzählige Versuche. Die Darsteller von Ingo (Jon Flemming Olsen) und »Kröte« (Franz Jarnach) sind bei der Planung nicht dabei, um spontaner auf Dittsche reagieren zu können.

Als Oliver Kammerer den Imbiss 2005 übernahm, war Dittsche schon seit einem Jahr auf Sendung. Dass regelmäßig Dittsche-Fans zu ihm in den Laden kommen – manche sogar stilecht im Bademantel – ist er gewöhnt. Und letzten Endes treibt ihm die Sendung ja auch die Kundschaft in den Laden.

So bräunlich wie im Fernsehen – die Sendung wird im Sepia-Effekt, also in rot-bräunlicher Verfärbung, ausgestrahlt – ist der Imbiss in Wirklichkeit natürlich nicht, und auch nicht dreckig, wie Dittsche immer wieder mal behauptet. Er wirkt sogar sehr sauber, und zieht zum Mittagstisch viele Stammgäste an. Das sind übrigens völlig andere Leute als Dittsche, und auch der echte Wirt und sein Mitarbeiter Ahmed Nadeem sehen ganz anders aus als der Vokuhila-Träger Ingo. Der ehemalige Arbeiterstadtteil Eimsbüttel ist ein beliebtes Wohnviertel für betuchte Dreißig- bis Vierzigjährige aus der Medienbranche geworden, Menschen wie Dittsche wohnen hier schon lange nicht mehr. Auch das Hamburgisch, das Dittsche spricht, ist in dieser Gegend kaum noch zu hören.

Eppendorfer Grillstation

Hamburg-Eimsbüttel | Eppendorfer Weg 172 |
(040) 42 32 68 09 | www.eppendorfer-grillstation.de |
Metrobus 5 ab U-/S-Bahnhof Hauptbahnhof bis Haltestelle Eppendorfer Weg (Ost)

Öffnungszeiten Mo–Fr 11–21 Uhr, Sa, So 12–20 Uhr (an Drehtagen sonntags geschlossen)

Wo Büffel neben Löwen wohnen

Anfang März 1848 erfüllte ein Hamburger Fischer seinen Vertrag wortwört-
lich. Er lieferte den gesamten Inhalt seiner Netze beim Fischhändler in St.
Pauli ab – inklusive der sechs Seehunde, die er diesmal mitsamt den Fischen
an Bord gezogen hatte. Und Gottfried Claes Carl Hagenbeck, der Fischhändler, machte ein Geschäft daraus:

   Kurzerhand schleppte er zwei Holzbottiche auf den nahen **Spielbudenplatz,** der seinen Namen von den Holzbuden der Schausteller hat, die hier
die Hamburger belustigten. Der Fischhändler füllte die Bottiche mit Wasser
und setzte die Seehunde hinein. Gegen eine Gebühr von zwei Schilling durfte
nun jedermann die Wassertiere bewundern. Blitzschnell sprach sich herum,
dass heute auf der Amüsiermeile et-
was ganz Besonderes zu bestaunen ist.
Die Kasse klingelte, und Hagenbeck
kam auf die Idee, mit den Seehunden
nach Berlin zu gehen, um dort an den Erfolg anzuknüpfen. Die Ereignisse
der Märzrevolution beendeten die Vorführung im Berliner Vergnügungslokal
»Krolls Garten« jedoch abrupt, Hagenbeck kehrte ohne Tiere heim.

   Aber der Fischhändler hatte Gefallen an der Zurschaustellung von Tieren
und wohl auch an dem damit einhergehenden Verdienst gefunden. Matrosen

**Das eindrucksvolle Eingangstor des
Zoos bei der Eröffnung 1907 von vorn**

brachten immer wieder exotische Tiere von ihren weiten Reisen mit und boten sie zum Kauf an. Und Tierfreund Hagenbeck griff zu. Bald lebten hinter dem Fischgeschäft Pfauen, Affen, Hyänen und zeitweise sogar ein Eisbär. Diese Tiere konnten die Hamburger nun in der **Handlungs-Menagerie** betrachten, bevor sie an Schausteller und zoologische Gärten verkauft wurden.

Als sein Sohn Carl Hagenbeck 15 Jahre alt war, trat er in die väterliche Firma ein. Er knüpfte Kontakte zu Abenteurern, die auf allen Kontinenten Tiere für ihn einfingen. Die verkaufte Hagenbeck junior meist sofort weiter, oft sogar, ohne sie selbst gesehen zu haben.

In den 1860er Jahren war Hagenbecks Tierhandlung stadtbekannt, und als der 21-jährige Carl die Geschäfte 1866 komplett übernahm, machte der Fischhandel nur noch den kleinsten Teil aus. Schon acht Jahre später waren die Geschäftsräume zu klein, und die Firma zog auf das 6000-Quadratmeter-Grundstück am Neuen Pferdemarkt 13. An die Fassade des Verwaltungsgebäudes pinselte man **Carl Hagenbeck's Thierpark,** und im Garten entstand bald ein prunkvoller Schaukäfig für Großtiere, in dem regelmäßig gut besuchte Dressurvorführungen stattfanden. Carl Hagenbeck erwies sich als guter Tierbeobachter, der die Vorlieben und Verhaltensweisen der Exoten bald hervorragend kannte.

... und von hinten – über 100 Jahre später

Lange hatte Carl Hagenbeck darüber nachgedacht, wie er seine Tiere optimal zur Schau stellen konnte. Viele Jahre probierte er aus, bis zu welchen Temperaturen Tropenbewohner im Freien gehalten werden konnten und welche Tierarten miteinander harmonierten. 1897 kaufte Hagenbeck in **Stellingen,** damals noch weit vor den Toren Hamburgs, ein großes Areal. Nun rückte die Realisierung seiner kühnen Träume in greifbare Nähe.

Hagenbecks Tierpark

Hamburg-Stellingen | Lokstedter Grenzstraße 2 | (040) 53 00 33-0 | www.hagenbecks.de | U Hagenbecks Tierpark

Öffnungszeiten März bis Juni tägl. 9–18 Uhr, Juli bis August tägl. 9–19 Uhr, September bis Oktober tägl. 9–18 Uhr, November bis Februar tägl. 9–16.30 Uhr, 20 € / Kinder von 4–16 Jahren 15 €

Zehn Jahre dauerte es, bis Carl Hagenbecks Ideen komplett in die Tat umgesetzt waren: Er ließ künstliche Landschaften bauen, in denen mehrere Tierarten zusammenlebten – nur durch Wassergräben vom Publikum getrennt. Und das strömte nach der Eröffnung in Massen in den neuartigen Tierpark, bestaunte Steinböcke und Antilopen in einem künstlichen Felsmassiv, von einem Schweizer ziemlich naturgetreu gestaltet. In der Schlucht des »Gebirges« brüllten Löwen, räkelten sich Tiger und einige Meter weiter grasten Hirsche und Büffel, nur durch kaum sichtbare Barrieren von einander getrennt. Thomas Alva Edison, der den Zoo 1911 besuchte, staunte: »The animals are not in the cage, they are on stage.«

Neben Tieren stellte Carl Hagenbeck ab 1875 auch exotische Menschen aus. Das war um diese Zeit ganz und gar nicht unüblich, aber Hagenbeck professionalisierte auch dieses Geschäft. Seine **Völkerschauen,** mit denen er durch ganz Westeuropa tourte, sollten das Alltagsleben fremder Völker zeigen. Mit Ausnahme von

In Hagenbecks Tierpark setzt man seit jeher auf Landschaftsgestaltung: so wenig Zäune wie möglich und kaum sichtbare Barrieren zwischen den Gehegen

Kriegs- und Krisenzeiten präsentierte der Tierpark bis 1932 jedes Jahr ein anderes »Volk« in extra angefertigten Kulissen. Dort bekamen die Zoobesucher Handwerke und Tänze vorgeführt, in einer Tierpark-Arena gab es penibel einstudierte Shows zu sehen, oft mit Tierdressuren. Wie wichtig die Völkerschauen für Hagenbeck waren, kann man noch heute am ehemaligen Hauptportal neben dem Bärengehege erkennen: Es wird von lebensgroßen Skulpturen gekrönt, einer Indianer- und einer Nubierfigur. Außerdem ist am Birmateich die nachgebaute Tempelanlage erhalten, die als Kulisse für die Birma-Völkerschau des Jahres 1913 diente.

Hagenbecks Tierpark

März 1848 Fischhändler Gottfried Claes Carl Hagenbeck stellt in Hamburg und Berlin sechs Seehunde aus

1866 Umzug vom Spielbudenplatz an den Neuen Pferdemarkt, das Geschäft firmiert nun als »Carl Hagenbeck's Thierpark«

1875 Erste Völkerschau

1896 Carl Hagenbeck lässt sich das Landschaftspanorama patentieren

7. Mai 1907 Hagenbecks Tierpark in Stellingen eröffnet offiziell

1919 Fritz Lang dreht die Filme »Harakiri« und »Spinnen« in Hagenbecks Tierpark

1920–1924 Schließung wegen der schlechten Wirtschaftslage

25. Juli 1943 Zerstörung großer Teile des Tierparks durch Bombenangriff

2012 Auseinandersetzung zwischen Dr. Stephan Hering-Hagenbeck, Joachim Weinlig-Hagenbeck und Dr. Claus Hagenbeck um die Geschäftsführung

Jahrzehntelang galt der Tierpark als zweitwichtigste Sehenswürdigkeit der Hansestadt – gleich nach dem Hafen. Der Name »Hagenbeck« war weltberühmt, ein gleichnamiger **Zirkus** tourte bis nach China, auf dem Zoogelände drehte man Kinofilme, die in exotischen Regionen spielten. Die Zukunft des hagenbeckschen Unternehmens sah rosig aus.

Im **Zweiten Weltkrieg** jedoch wurden viele Gebäude und Gehege zerstört, künstliche Felsen zertrümmert. Die meisten Tiere mussten als Reparationsleistung ins Ausland abtransportiert oder wegen Futtermangels verkauft werden. Die recht glimpflich davongekommenen, lebensgroßen Saurierfiguren konnten dank Zementspenden örtlicher Bauunternehmen notdürftig ausgebessert werden.

Im März 1948 lud der Tierpark zur bescheidenen Jubiläumsausstellung »Hundert Jahre Hagenbeck« ins notdürftig wiederhergestellte Hauptgebäude. Danach begann in großen Schritten der Wiederaufbau des gesamten Areals, das noch schöner und größer werden sollte. 2003 wurde der Haupteingang des Tierparks an die Koppelstraße verlegt, ganz in die Nähe der U-Bahnstation »Hagenbecks Tierpark«. Im Jahr 2007 eröffnete Hagenbeck ein **Tropen-Aquarium,** im Juli 2012 das neue **Eismeer,** das unter anderem Eisbären, ein Walross, Robben und Seebären beheimatet. Auch hier wurde auf kaum sichtbare Barrieren Wert gelegt.

Seit der Schließung des Hamburger Zoologischen Gartens 1930, der, 1863 von Alfred Brehm gegründet, neben dem aufregenden Erlebnispark nicht bestehen konnte, ist der Tierpark Hagenbeck der einzige Zoo Hamburgs. Er wird nach wie vor von der Familie Hagenbeck geführt.

Wo der Elefantengott verehrt wird

Eigentlich heißt der Schinkelplatz gar nicht Schinkelplatz. Aber jeder im ruhigen, gutbürgerlichen Viertel Winterhudes nennt ihn so, weil er direkt an der Schinkelstraße liegt. Den eigentlich namenlosen Platz umrahmen gepflegte Altbauten mit Stuckfassaden, unter den alten Bäumen genießen Alt-68er den milden Abend. Die Kinder toben auf dem Spielplatz, während sich die Erwachsenen auf den umstehenden Bänken entspannen.

Nur **Hans-Georg Behr** sitzt hier nicht mehr. Viele Abende hat er auf dem Platz verbracht, Freunde getroffen, endlos gequatscht. Im Sommer 2010 ist er gestorben. Aber er hat den Winterhudern etwas Einzigartiges hinterlassen: den **Ganesha-Schrein.**

Neben dem Spielplatz steht der rot-weiße Schrein mit dem hübschen Messingdach. Wer von der Schinkelstraße die paar Stufen zum Spielplatz hochgeht, hört bei Wind schon ein leises Klingeln – die Bronzeglocke über dem Elefantenkopf des vierarmigen Gottes Ganesha, den sowohl Hinduisten als auch Buddhisten als Gott der Klugheit und der Toleranz verehren, als Überwinder von Hindernissen.

Die Idee, diese exotische Gottheit ins beschauliche Winterhude zu holen, stammte von Behr. Der Journa-

Am belebten »Schinkelplatz« steht der Schrein der Gottheit Ganesha

list und Schriftsteller war ein außerge-
wöhnlicher Mensch. Geboren wurde
er 1937 in Wien als Sohn eines hoch-
rangigen deutschen Nazis, der 1946 in
Nürnberg hingerichtet wurde, und einer ungarischen Adeligen – das heißt,

Schinkelplatz

Hamburg-Winterhude | Schin-
kelstraße Ecke Preystraße |
Metrobus 6 Goldbekplatz

wenn man seinem autobiographischen Roman »Fast eine Kindheit« Glauben
schenken darf. Behr verwob nämlich gern Wirklichkeit und Fantasie. Sogar
engen Freunden soll er Legenden aufgetischt haben, wenn er ihnen aus seinem Leben erzählte. So schildert es zumindest Michael Sontheimer in seinem
Nachruf auf Hans-Georg-Behr.

1957 fuhr Behr nach Kathmandu, ließ sich dort sogar adoptieren. Als ein
Sohn seiner Adoptiveltern zum Studium nach Deutschland kam, half der
Schriftsteller ihm beim Einleben im fremden Europa. Zur bestandenen Fach-
arztprüfung ihres leiblichen Sohnes wollten sich Behrs Adoptiveltern bedan-
ken. Behr schlug vor, dass sie Hamburg einen Ganesh stiften könnten.

Tatsächlich genehmigte das Gartenbauamt nach längerem Hin und Her
am 31. Mai 1990 die »Aufstellung einer künstlerischen Plastik Ganesh«. Seitdem besuchen Gläubige und Nicht-Gläubige den Elefantengott in Winterhude. Für seine vier Arme und seinen Elefantenkopf gibt es in der Mythologie
viele unterschiedliche Erklärungen. Hans-Georg Behr nannte dem Hamburger Abendblatt 2005 eine Version, die den Kindern in Nepal erzählt würde:
Göttersohn Ganesh sei so klug gewesen, dass seine Mutter, die Göttin der
Macht, ihn derart darum beneidet und gefürchtet habe – denn nichts fürchte
die Macht so sehr wie die Klugheit –, dass sie ihm eigenhändig den Kopf ab-
geschlagen habe. Sie sei jedoch so
sehr über ihre Tat erschrocken,
dass sie versprochen habe, die
Klugheit könne überleben, wenn
ein Lebewesen sein Kopf opfern würde. Ein Elefant habe sich bereit erklärt.
Und so stehe Ganesh heute dafür, dass nichts so verfahren oder ausweglos
sei, dass es nicht durch Klugheit überwunden oder repariert werden könne.

*Ganesha liebt Süßigkeiten. Als Dank
erfüllt er vielleicht einen Wunsch*

Zudem heißt es, dass Ganesha gern esse – was man seinem Bauch auch an-
sieht – und dabei vor allem Süßes bevorzuge. So bringen viele Besucher dem
Winterhuder Elefantengott Süßigkeiten mit. Und wer die Glocke schlägt und
von links nach rechts um den Schrein geht, dem erfüllt Ganesha vielleicht
einen Wunsch.

Wo Kapitäne ihr Handwerk lernten

Schnell rauschen die Autos an dem winzigen Sträßchen mit dem exotischen Namen vorbei, wenn sie die Klopstockstraße stadtauswärts verlassen. Ihren Namen hat die **Rainvilleterrasse** vom Gastwirt César Claude Rainville (1767–1845), der hier am Elbhang eine elegante Ausflugsgaststätte mit traumhaftem Blick auf den Strom gründete. 1867 wurde das Haus abgerissen.

An seiner Stelle erbaute die Preußische Staatshochbauverwaltung nach einem Entwurf des Architekten Hans Meyer ab 1931 die **Altonaer Seefahrtschule.** 1935 eröffnet, ist das markante Gebäude mit der Adresse Rainvilleterrasse 4 der letzte Zeuge einer großen Vergangenheit. Hier konnte man bis ins Jahr 2005 am **Institut für Schiffsbetrieb, Seeverkehr und Simulation** das Kapitänspatent erwerben. Zuletzt waren nur noch sieben Studierende eingeschrieben. Damit endete eine über 250-jährige Tradition.

Weit größer war das Interesse 256 Jahre zuvor: Zwölf angehende Kapitäne hatten sich 1749 in der Wohnung des Malers, Landvermessers und Mathematikers Gerloff Hiddinga in Hamburgs Altstadt versammelt, der ersten öffentlichen deutschen Navigationsschule. Die **Hamburger Navigationsschule** war damit gegründet. Schon bald war Hiddingas Wohnung zu klein für den

Die Seefahrtschule Altona um 1978. Hier wurde der nautische Nachwuchs unterrichtet

Ansturm an Seeleuten, die sich für
eine leitende Tätigkeit an Bord quali-
fizieren wollten. Die formalen Anfor-
derungen wuchsen: Ab 1785 mussten
die Aspiranten einen Schreib- und Re-
chentest absolvieren, ab 1808 gab es
jährliche Examensprüfungen. Mit der
Gründung des Deutschen Reichs im

Ehemalige Seefahrtschule

Hamburg-Ottensen | Rainville-
terrasse 4 | Bus 112 ab
U-/S-Bahnhof Landungsbrü-
cken oder S-Bahnhof Altona
bis Haltestelle Elbberg

Jahr 1871 wurden einheitliche Ausbildungsrichtlinien erlassen. In drei Steu-
ermannklassen und einer Schifferklasse wurde der nautische Nachwuchs unterrichtet.

   Nach dem Zweiten Weltkrieg beschlossen die Alliierten, dass es keine
deutsche Seefahrt mehr geben sollte. Doch schon nach wenigen Jahren war
davon keine Rede mehr, und die Navigationsschule Hamburg fusionierte mit
der Seefahrtschule Altona an der Rainvilleterrasse. 1970 wurden 700 Studierende gezählt, die Ausbildung versprach beste Berufschancen. Ab 1979 gehörte die Seefahrtschule Hamburg zur Fachhochschule, blieb aber an ihrem
elbnahen Standort.

   Ende der 1980er Jahre begann
der Niedergang der glanzvollen Ins-
titution: 1988 wurde die Funkoffi-

Heute beherbergt das denkmalgeschützte Gebäude eine private Hochschule

GESCHICHTE

Seefahrtschule

1. Oktober 1749 Gründung der Hamburger Navigationsschule

Ab 1871 Reichsweite Richtlinien für die Ausbildung

1905 Eröffnung Neubau Hamburger Navigationsschule

1935 Eröffnung Neubau Altonaer Seefahrtschule an der Rainvilleterrasse

1951 Zusammenlegung der Hamburger und Altonaer Seefahrtsschulen

1979 Eingliederung in die Fachhochschule

1. März 1996 Ausgliederung aus der Fachhochschule

30. September 2005 Schließung der Seefahrtschule

28. Februar 2011 Verkauf der ehemaligen Seefahrtschule

2. April 2012 Eröffnung der Brand Academy

ziersausbildung eingestellt, 1998 die Ausbildung für Nautiker. Der Hochschul-Fachbereich Seefahrt war schon seit 1996 aufgelöst, die Studierenden übernahm das kurz zuvor gegründete **Institut für Schiffsbetrieb, Seeverkehr und Simulation** (ISSUS). Im Wintersemester 1999/2000 wurden die letzten Studienanfänger aufgenommen, das Seefahrts-Studium sollte völlig neu konzipiert werden. Als das scheiterte, war das Schicksal der Seefahrtschule besiegelt.

Ab dem Herbst 2005 blickten leere Fensterbänder von der Rainvilleterrasse auf die Elbe. Nun begann der Poker um das Filetgrundstück. Sofort kursierte die Idee, den Bau im Stil der klassischen Moderne abzureißen und Luxuswohnungen zu errichten. Doch die Stadt Hamburg, Eigentümerin der Immobilie, zierte sich. Inzwischen hatte sich eine Anwohnerinitiative mit dem Namen »anna elbe« gegründet. Sie plädierte für eine kulturelle Nutzung des Bauhaus-Gebäudes. Anfang 2011 stand fest: Der Bau wird unter Denkmalschutz gestellt und bleibt erhalten. Die Star-Architekten um Meinhard von Gerkan gestalteten ihn behutsam zu einer privaten Hochschule um. Im April 2012 fanden sich die ersten Studierenden der »Brand Academy« im provisorisch eingerichteten Gebäude ein. Sie ist eine der ersten Hochschulen der Welt, die systematisch zukünftige Markenexperten ausbildet. Auch ein Restaurant soll ins Gebäude einziehen.

Wo die Hafenbahn fuhr

Schienen im Kopfsteinpflaster der Großen Elbstraße erinnern noch an die einstige Hafenbahn. Eine Szenekneipe nennt sich **Hafenbahnhof** und residiert im historischen Bahnhofsgebäude. Und auch ein sehr versteckter Eisenbahntunnel lässt sich mit etwas Mühe finden. Doch der 1876 eröffnete **Schellfischtunnel** ist nur am Tag des offenen Denkmals zugänglich. So verwundert es nicht, dass kaum ein Tourist von ihm gehört hat. Und sogar unter Hamburgern ist der Tunnel der Altonaer Hafenbahn, wie er offiziell heißt, weithin unbekannt.

So weist auch kein Schild auf den Tunneleingang am ehemaligen **Altonaer Fischereihafen** hin, wo der Verlauf der Gleise in den Tunnel noch zu erahnen ist. Parallel zur ehemaligen Schienenstrecke wurde der »elbberg campus« errichtet, aber die Stützmauern hinter den Neubauten sind noch da. An der **Kaistraße,** kurz hinter der Einmündung der Großen Elbstraße, bietet ein kleiner Platz grandiose Blicke auf Hafen und Köhlbrandbrücke. Neben dem säulenförmigen Auswanderer-Denkmal von Ljubica Matulec und mehreren Fahrradständern steht eine Litfaßsäule auf dem winzigen Platz. Genau unter ihr befindet sich die Tunneleinfahrt.

1992 ratterte der letzte Zug durch den Tunnel. Anschließend sollte er abgerissen oder zugeschüttet werden. Aber sofort gründete sich ein Verein, um das zu verhindern. Und hatte Erfolg.

Doch warum baute man im späten 19. Jahrhundert einen Tunnel vom Hafenrand Richtung Norden? Damals war Altona noch eine eigenständige Stadt und gehörte zum Königreich Dänemark. Altonas Hafen entwickelte sich rasant. Die riesigen Mengen Fisch, die hier anlandeten, mussten rasch in die Räuchereien und Fischgeschäfte gebracht werden. Das ging am besten per Bahn. Aber vom Hafenrand zum nahen **Altonaer**

Selbst viele Hamburger kennen ihn nicht: den verborgenen Schellfischtunnel in Hamburg-Altona

Schellfischtunnel

Hamburg-Altona | Große
Elbstraße | Bus Linie 112 ab
U-/S-Bahnhof Hauptbahnhof
bis Haltestelle Elbberg

Bahnhof waren fast 30 Höhenmeter zu überwinden. Der Anstieg war sehr steil. Schon in der ersten Hälfte des 19. Jahrhunderts hatte man versucht, ihn verkehrstauglich zu machen. Man planierte die **Schiefe Ebene,** eine Rampe mit »nur« 15 Prozent Steigung. Hinauf ging's per Seilzug, der zunächst von Pferden angetrieben wurde. 1849 übernahmen dann Dampfmaschinen die schwere Aufgabe der Pferde.

Aber auch diese moderne Technik bewältigte die steigenden Gütermengen bald nicht mehr, und so suchte man nach einer eleganten Lösung, um die Lasten direkt vom Schiff auf die Bahn zu verladen. So entschloss man sich zum Tunnelbau, der 1874 begann. Zwei Jahre später war das 395 Meter lange Bauwerk fertig und unterquert seitdem den Elbhang. Damals war er eine große Attraktion: der einzige Tunnel weit und breit! Der Elbtunnel (▶ Seite 39) sollte erst Jahrzehnte später folgen.

Schon zwei Jahrzehnte später musste der Tunnel um gut 500 Meter verlängert werden, denn der Altonaer Bahnhof wurde nach Norden verlegt. Die **Altonaer Hafenbahn** entwickelte sich zu einer stark befahrenen Strecke. Bis 1978 ratterten Güterzüge der Deut-

Hinter dem elbberg campus liegt gut versteckt der Schellfischtunnel

GESCHICHTE

schen Bundesbahn durch den Tunnel, den der Volksmund, nach dem hauptsächlich beförderten Produkt, bald in »Schellfischtunnel« umgetauft hatte.

Anschließend wurde er nur noch für Sonderfahrten genutzt – bis zum endgültigen Aus im Jahr 1992. Am 30. September wurden beide Tunnelöffnungen mit zwei Stahltoren verschlossen.

Schellfischtunnel

1876 Eröffnung des Schellfischtunnels

1896 Verlängerung des Tunnels um 500 Meter

1992 Schließung des Tunnels

In den letzten Jahren wurden immer wieder Ideen geboren, wie der Schellfischtunnel sinnvoll genutzt werden könnte. So kam unter anderem der Vorschlag auf, wasserstoffbetriebene Busse durch den Tunnel zu führen, weshalb der Investor des 2000 am Südende des Tunnels errichteten »elbberg campus« hinter seinem Gebäude einen Bahnsteig errichten ließ. Dieser wurde jedoch nie genutzt und steht seitdem verlassen da.

Zuletzt votierte die Bezirksversammlung Altona auf Antrag von CDU und GAL im Jahr 2009 dafür, die geplante Stadtbahn – eigentlich eine Straßenbahn – durch den Tunnel zu führen. Seitdem das bereits weit gediehene Projekt Stadtbahn im Frühjahr 2011 jedoch zu den Akten gelegt wurde, ist es wieder still um den Schellfischtunnel geworden.

Wo die Lotsen Brüder wurden

Ein Hamburger Sonntagsklassiker ist der Spaziergang von Teufelsbrück nach Övelgönne, mit einem schönen Blick auf die Elbe sowie auf den Hindenburgpark und Schröders Elbpark, ein dicht mit alten Eichen bestandenes Parkgelände aus dem 19. Jahrhundert. Auch im Winter kann man am Elbuferweg manchmal draußen sitzen – der Elbhang sorgt für Windstille, keine Häuserfront verdeckt die Sonne. Am Elbufer haben sich zahlreiche Ausflugsgaststätten angesiedelt, im Sommer mit Terrassenbetrieb oder sogar Strandbar.

Zum Alten Lotsenhaus

Hamburg-Othmarschen Övelgönne | (040) 8 80 01-96 | www.zum-alten-lotsenhaus.de | Bus 112 ab U-/S-Bahnhof Landungsbrücken bis Haltestelle Neumühlen/Övelgönne oder alternativ: HADAG-Fähre Linie 62 bis Anleger Neumühlen/Övelgönne

Öffnungszeiten Tägl. ab 12 Uhr

In Övelgönne angekommen, läuft man an malerischen Häuschen und schönen Gärten vorbei. Früher war der Ort eine Fischersiedlung, deren Bewohner auch Fährdienste über den Strom anboten und in der Zeit der Walfänger Tran und Leim aus Fett und Knochen der riesigen Säuger kochten. Denn das Dörfchen am Elbufer lag ideal: Hier warteten die Segelschiffe auf günstigen Wind und die Ebbe, um stromabwärts zu fahren. Gern nahmen sie einen Lotsen an Bord, der den Segler sicher durch das schwierige Fahrwasser zwischen den tückischen Sandbänken manövrierte.

Ein Zeuge dieser Vergangenheit ist erhalten: das **Alte Lotsenhaus** in Övelgönne. Hier wurde am 13. Januar 1745 die Lotsenbrüderschaft gegründet, eine Vereinigung, die sich vor allem um die Versorgung von Witwen und Waisen verstorbener Elblotsen kümmerte. 1801 wurde das Lotsenhaus in ein öffentliches Gasthaus umgewandelt und ist damit eine der ältesten Gaststätten Hamburgs. Vor einigen Jahren wurde es rundum erneuert und verfügt mittlerweile auch über eine loungige Strandbar, von der man einen schönen Blick auf den Elbstrand und den gegenüberliegenden Hafen hat.

In der hübschen Gaststätte »Zum Alten Lotsenhaus« wurde 1745 die Lotsenbrüderschaft gegründet

Auch die **Lotsenbrüderschaft Elbe** besteht bis heute. Ihr gehören kraft Gesetzes alle Lotsen an, die auf der Elbe arbeiten. Von der Mündung bei Cuxhaven bis Hamburg herrscht für Schiffe von 90 Metern oder länger, bei schlechter Sicht sogar schon ab 60 Metern, Lotsenpflicht. Denn der Fluss ist eine

Die Lotsen kennen das Hamburger Gewässer wie ihre Westentasche

stark befahrene Seeschifffahrtsstraße, die wegen der starken Strömung durch die Gezeiten als schwierig gilt. Beim Manövrieren im Hamburger Hafengebiet sind sogar erfahrene Kapitäne den Hafenlotsen dankbar für ihre Dienste. Bei Teufelsbrück übergeben die Elblotsen die einfahrenden Schiffe an die Hafenlotsen, die tatsächlich per Leiter an Bord gehen – wie man es sich vorstellt. Und so sieht man sie überall auf der Elbe, die schwarz-weißen Boote mit der Aufschrift »Pilot«. Das Wort ist ein alter Begriff für »Lotse«.

Schon lange bevor die Lotsenbrüderschaft gegründet wurde, sollen Fischer von den Inseln Helgoland und Neuwerk zur Zeit der Hanse erste Lotsendienste auf der Elbe angeboten haben. Die erste schriftliche Erwähnung fanden »2 piloten ab den elvstrom« im Jahr 1575. Bald arbeiteten auch Elbfischer im Nebenberuf als Lotsen. Eine besondere Ausbildung gab es nicht, jeder Fischer war mit der Elbe einigermaßen vertraut und kannte ihre Besonderheiten. Heute haben die freiberuflich tätigen Lotsen ein Kapitänspatent, mehrjährige Erfahrung mit dem Führen eines Seeschiffs sowie eine achtmonatige Lotsenausbildung.

1610 stellte Hamburg den ersten »Piloten« ein. Aber der Dienst eines Lotsen erschien manch einem Kapitän zu teuer – mit verheerenden Folgen. Nach zahlreichen Schiffsuntergängen regelte die Stadt 1656 ihr Lotsenwesen in einer **Pilotageordnung.** Sie verpflichtete alle Führer eines Schiffes ab einem bestimmten Tiefgang, einen der drei von der Stadt angestellten, examinierten und vereidigten Hafenlotsen an Bord zu nehmen. Schnell wuchs die Zahl der Hafenlotsen, und bereits um die Wende zum 18. Jahrhundert reichte das Dutzend Lotsen nicht mehr aus, das jetzt in Hamburgs Diensten stand. Bis zur Mitte des 19. Jahrhunderts schnellte die Zahl der Lotsen sogar auf 120 hoch!

Bis heute werden die bescheidenen einstöckigen Häuschen am Elbuferweg in Övelgönne »Lotsenhäuser« genannt. Einige der im 18. Jahrhundert errichteten Backsteinhäuser stehen unter Denkmalschutz. Die zugehörigen Gärten liegen übrigens jenseits des Fußgängerwegs Richtung Elbe – die Hausbewohner müssen also quasi »über die Straße«, um ihr Gärtchen zu erreichen.

Wo Hundertwasser Pläne schmiedete

Anderswo sind Gebäude von Friedensreich Hundertwasser Touristenmagneten. Kaum ein Wien-Besucher lässt das Hundertwasserhaus aus und auch die niedersächsische Kleinstadt Uelzen schmückt sich mit ihrem Bahnhof, der nach Plänen des eigenwilligen Künstlers umgestaltet wurde.

Stadtcafé Ottensen

Hamburg-Ottensen | Behringstraße 42–44 | www.stadtcafe.com | Metrobus 1 ab S-Bahnhof Altona bis Haltestelle Kreuzkirche Ottensen

Ganz anders in Hamburg. Hier gab es bis 2009 ein Café, an dessen Gestaltung Hundertwasser beteiligt war. Und so sah es auch aus: Fenster ohne jeden rechten Winkel, bunte Fliesenbilder in typischen Hundertwasser-Formen, in die Innenarchitektur integrierte Grünpflanzen und Tischgestelle in Form von Bäumen.

Die Idee für die besondere Gestaltung des Cafés entstand eher zufällig, als Friedensreich Hundertwasser, 1928 in Wien als Friedrich Stowasser geboren, 1992 im für ihn typischen Stil einen Reisebus des Hamburger Busunternehmens »Alternativ Bus Reisen« lackierte. Der Luxusbus fand unter der Nummer 445 C Eingang in das offizielle Werkverzeichnis des Künstlers. Als er nach dem Sprayen abends mit den Busunternehmern zusammensaß, kam ihnen ein spontaner Gedanke: Man könnte doch die **ehemalige Feuerwache in Hamburg-Ottensen,** die als Firmensitz diente, um ein Hundertwasser-Café erweitern!

Der Künstler skizzierte daraufhin ein paar Ideen, und ein paar Jahre später wurden sie Wirklichkeit. 1998 eröffnete das zweistöckige **Stadtcafé Ottensen,** in dem man auch Reisen buchen konnte. Es war bei Anwohnern beliebt für den sonntäglichen Brunch, ein paar Touristen kamen wegen der Innenarchitektur. Doch schon bald trübte sich der Himmel

Das ehemalige Stadtcafé in Ottensen wurde nach Plänen von Hundertwasser gebaut. Es steht kurz vor dem Abriss

GESCHICHTE

Stadtcafé Ottensen

1992 Idee zum »Hundertwasser-Café«

1998 Eröffnung des Stadtcafé Ottensen

9. Juni 2009 Schließung des Cafés

2010 Bürgerbegehren, das Café unter Denkmalschutz stellen zu lassen

Seit 2011/2012 Abriss des Cafés geplant

über dem kleinen alternativen Paradies. Hamburg privatisierte im Jahr 2006 den Landesbetrieb Krankenhäuser (LBK). Dummerweise gehörte das Grundstück Behringstraße 42–44, auf dem die ehemalige Feuerwache steht, zum LBK. Es wurde für 1,15 Millionen Euro an ein Immobilien-Entwicklungsunternehmen verkauft, das Stadtteilcafé sollte erhalten bleiben. Im Februar 2009 beschloss die Bezirksversammlung Hamburg-Altona für das Grundstück einen Bebauungsplan mit 130 Wohnungen rund um das Café, das nie unter Denkmalschutz gestellt wurde. Die Cafébetreiber hatten einen langfristigen Mietvertrag und fühlten sich zunächst sicher.

Dennoch kündigte der neue Grundstückseigentümer wegen Formfehlern im Mietvertrag oder Zahlungsrückständen – jede Seite vertritt eine andere Version – den Cafébetreibern sofort, als er das Grundstück erworben hatte. Das war nun ein Vielfaches wert, es wechselte wieder den Besitzer – nun angeblich für 5,5 Millionen Euro. Am 9. Juni 2009 mussten die Betreiber Rainer Bruns und Renate Link das Café schließen. Die außergewöhnliche Architektur der Innenräume kann man seitdem nur noch auf der Website des Stadtcafés sehen. Seit dem besagten Juni-Tag zieht sich ein Bauzaun um das Hundertwasser-Café, wie die Anwohner es nennen. Dahinter verfällt die umgebaute ehemalige Feuerwache langsam.

Anwohner, unter ihnen die ehemaligen Cafébetreiber, brachten im Sommer 2010 ein **Bürgerbegehren** auf den Weg: Das Hundertwasser-Café sollte unter Denkmalschutz gestellt werden. Die Bürgerinitiative sammelte genügend gültige Unterschriften, doch der neue Grundstückseigentümer hielt mit Gutachten zur Baufälligkeit dagegen.

Seit Winter 2011/2012 scheint der **Abriss des Cafés** nun beschlossene Sache. Bis zu 74 Wohnungen will der Investor Wohnbau GmbH auf dem Gelände des Cafés errichten. Anfang 2013 sollen die Bauarbeiten beginnen. Erst hieß es, dass nur die Fassade und einige Bauteile der Innenausstattung eingelagert und später in ein Neubau-Café integriert werden sollen. Derzeit wird davon geredet, dass der Investor das Café originalgetreu nachbauen wird. Dazu ist er gemäß eines öffentlich-rechtlichen Vertrags mit der Stadt verpflichtet. Änderungen wird es allerdings geben: neue Sicherheitsvorkehrungen und ein Veranstaltungsraum im ersten Stock sind geplant.

Wo schon Zeppeline starteten

Sie hatten ihre Sonntagskleidung angezogen und eilten alle zum selben Ziel, sehr ungewöhnlich für einen Frühsommer-Dienstag vor dem Ersten Welt-krieg. Tausende Hamburger fuhren oder liefen an diesem 18. Juni 1912 in Richtung **Fuhlsbüttel,** wo seit Januar eine 25 Meter hohe, 160 Meter lange Luftschiffhalle aus den sumpfigen Wiesen emporragte. Erbaut hatte sie

Hamburg Airport

Hamburg-Fuhlsbüttel |
S-Bahnhof Hamburg-Airport
(Flughafen)

die im Jahr zuvor gegründete »Hamburger Luftschiffhallen GmbH« (HLG). Finanziers waren Hamburger Kaufleute und Reeder, allen voran Albert Bal-lin (▶ Seite 114).

Am besagten Tag wurde am Rande des kleinen Bauerndorfes nördlich von Hamburg ein Volksfest gefeiert. Ein Zeppelin sollte landen! Die Menge ju-belte, als das Luftschiff »Victoria Luise« herabschwebte. Anschließend durf-ten alle, die genug Mut und Geld hatten, sogar einen Rundflug mit dem ge-waltigen Zeppelin unternehmen.

Es war eine Epoche, die schwindlig machte. Die ersten Automobile rasten über die Straßen, an rasanten Zugverkehr hatte man sich längst gewöhnt, die Elbe unterquerte seit neuestem ein Tunnel (▶ Seite 39) und nun konnte man also auch noch fliegen. Nicht nur ein paar Meter bis zur Bruchlandung, wie die vielen Flugpioniere der letzten Jahrzehnte, sondern richtig weite Strecken. Das musste gefeiert werden!

Doch schon bald waren Starts und Landungen der **Zeppeline** kein Aufre-ger mehr für die Hamburger. Den be-

1912 landete ein Zeppelin am Flughafen Fuhlsbüttel. Ein absolutes Highlight für die Hamburger

häbigen Luftschiffen trauten sie viel mehr als den fliegenden Kisten, den »Aeroplanen«, die ab 1913 den südöstlichen Teil des sumpfigen Flugfelds unsicher machten. Daran konnte auch die immense Feuergefahr nichts ändern, die den Zeppelinen innewohnte.

Am 16. September 1916 kam es in der Luftschiffhalle zu einem Unfall. Zwei Marine-Luftschiffe wurden in der Halle betankt, Wasserstoff strömte aus und entzündete sich. Beide Zeppeline und die Luftschiffhalle standen sofort in Flammen und brannten komplett aus. Schon zwei Jahre zuvor hatte der Hamburger Flughafen seinen friedlichen, fröhlichen Charakter verloren: Mit Beginn des Ersten Weltkrieg wurde das Flugfeld militärisches Sperrgebiet, das einst so beliebte Aussichtsrestaurant geschlossen.

Die Halle wurde bald wieder aufgebaut, aber mit Kriegsende war wegen der Bestimmungen des Versailler Vertrags vorerst Schluss mit der Fliegerei. Doch schon im Frühling 1919 fanden in Deutschland **erste Linienflüge** statt, zuerst zwischen Berlin und Weimar, bald auch zwischen Berlin und Hamburg. Im Sommer 1920 kam die Linie Hamburg – Sylt hinzu, wenig später war Hamburg eine Station der ersten internationalen Flugroute, die dreimal wöchentlich Malmö mit Kopenhagen, Hamburg, Bremen, Amsterdam und London verband.

Nun fanden sich auch die Hamburger am Sonntag wieder auf dem Flugfeld ein, angelockt von den **Schauflügen** wagemutiger Piloten, die halsbrecherische Kunststücke vorführten. Inzwischen träumte man von Flügen über den Atlantik, aber zunächst musste der Flughafen – nach wie vor eigentlich nur ein morastiges Freigelände – technisch aufgerüstet werden. Die sumpfigen Wiesen verfestigte man mit Bauschutt und Müll, ein Leuchtfeuer wurde installiert und ab

Bei einer Führung durch die Hallen der Lufthansa Technik erfährt man, wie Flugzeuge und ihre Systeme instand gehalten werden

1923 unterstützte die erste deutsche Flughafen-Funkstation die Piloten bei Start und Landung. 1926 standen zwei Flugzeughallen, der Linienverkehr begann sehr technokratisch.

Am 1. September 1929 weihte Hamburgs Erster Bürgermeister Carl Wilhelm Petersen das neue **Abfertigungsgebäude** ein, das architektonische Maßstäbe setzte. Seine Aussichtsterrassen und Zuschauergärten boten 35 000 Schaulustigen Platz. Der Bau war so modern konzipiert, dass er als Vorbild für Flughäfen von Paris bis London diente und bis in die 1990er Jahre in seinen Grundzügen erhalten blieb. 1929 registrierte der Hamburger Flughafen über 15 000 planmäßige Flugbewegungen und verwies damit Berlin auf den zweiten Rang. Doch dieser Vorsprung ließ sich nicht lang halten.

GESCHICHTE

Flughafen Hamburg-Fuhlsbüttel

10. Januar 1911 Gründung der »Hamburger Luftschiffhallen GmbH«

1912 Aufnahme des Flugbetriebs

1919 Erste Flugzeug-Linienflüge

1929 Eröffnung des Abfertigungsgebäudes

1983–2008 Komplette Umgestaltung des Hamburg Airports

Vier Tage vor dem deutschen Überfall auf Polen wurde der Flughafen Fuhlsbüttel für die zivile Luftfahrt gesperrt und der **Luftwaffe** übergeben, einschließlich aller 150 Lufthansa-Flugzeuge. Zivile Flüge fanden nur noch in wenigen Ausnahmefällen statt. Da alle Flughafen-Unterlagen über die Zeit von 1939 bis 1945 bei Kriegsende verbrannt wurden, ist über diese Phase wenig bekannt.

Schon am 3. Mai 1945, also am Tag nach der kampflosen Übergabe Hamburgs, konnte die britische Royal Air Force den unzerstört gebliebenen Flughafen übernehmen, den sie **Hamburg Airport** nannte, modernisierte und bald für Flüge nach London nutzte. Kurz darauf begann der Kalte Krieg, der mit der Blockade Berlins einen ersten Höhepunkt erreichte. Am 24. Juni 1948 unterbrach die Sowjetische Militäradministration die Transportwege nach Berlin, um einen politischen Anschluss des Westteils der Stadt an die westlichen Besatzungszonen zu verhindern. Nur über den Luftweg, den die Alliierten vertraglich abgesichert hatten, war die Halbstadt noch zu erreichen. Es war der Beginn der Luftbrücke. Bis zum 12. Mai 1949 wurde der Westteil Berlins komplett aus der Luft versorgt, mit allem Lebensnotwendigen – vor allem Nahrungsmitteln und Heizmaterial. Hamburg Airport spielte dabei eine bedeutende Rolle, hier hoben die »Rosinenbomber« im Fünf-Minuten-Takt ab.

1955 erhielt die junge Bundesrepublik die Lufthoheit zurück, der Flugbetrieb war wieder unter deutscher Regie. Doch Hamburg verlor zunächst den Anschluss an die rasante Entwicklung. So überholten bald Flughäfen wie Frankfurt und München den Hamburger, der – anders als die meisten Großstadtflughäfen – nicht vor die Tore der Stadt zog. Es gibt also keine Möglichkeit, den Flughafen zu erweitern. Zwar diskutierte man auch in der Hansestadt eine Verlegung des Flughafens aufs »platte Land« im angrenzenden Schleswig-Holstein, doch war dieser Plan 1983 offiziell gestorben. Nun machte man sich an den Neubau eines Abfertigungsgebäudes, da das alte trotz zahlreicher Anbauten aus allen Nähten platzte.

1993 wurde ein neuer Terminal eingeweiht, 2008 war die komplette Erneuerung des Flughafens abgeschlossen. Seitdem ist der Airport auch endlich an das S-Bahn-Netz angeschlossen.

Wo die Cholera besiegt wurde

Es hielt sie nicht mehr in Indien. Die **Cholera.** In den frühen 1830er Jahren
erreichte der tödliche Erreger Mitteleuropa. Schuld daran war die Globali-
sierung im Zuge der Gründung europäischer Kolonien in Asien und Afrika.
Waren und auch Menschen wechselten in großer Zahl die Kontinente. Das
ging nun viel einfacher als früher – regelmäßige Schiffsverbindungen und der
Eisenbahnbau erleichterten die Mobilität.

Rasch verbreitete sich die Nachricht von der todbringenden Seuche nach
Westen. Und die Seuche folgte den Nachrichten. Am 5. Oktober 1831 schüt-
telten heftige Bauchkrämpfe den verarmten, ehemaligen Seemann Peter Petersen in Hamburg. Er erbrach sich pausenlos, litt an schrecklichen Durch-
fällen. Am nächsten Tag war der 67-Jährige tot, gestorben an der Cholera.
In Hamburg. Nun wurde auch bekannt, dass bereits drei Tage zuvor ein Elb-
schiffer erkrankt war, der von Wittenberge stromabwärts fuhr.

In den folgenden Tagen wurde bei mehreren Mitbewohnern aus Peter-
sens feuchter Kellerunterkunft die
Cholera diagnostiziert. Auch einige seiner Bettler-Kollegen zeigten
die Symptome: neben Erbrechen und
wässrigem Durchfall, schrumplige,

1848 eröffnete die Wasserkunst Kaltehofe, eine Art Wasserwerk, an der Elbe.
Absetzbecken sollten das Leitungswasser von schädlichen Elementen befreien

Wasserkunst Kaltehofe

Hamburg-Rothenburgsort |
Kaltehofe | Hauptdeich 6–7 |
(040) 78 88 49 99-0 | www.
wasserkunst-hamburg.de |
Buslinie 120 oder 124 ab
U-/S-Bahnhof Hauptbahn-
hof bis Haltestelle Billhorner
Deich, von hier ca. 30 Minuten
Fußweg

Außengelände und Café
November bis März tägl.
10–18 Uhr, April bis Oktober
tägl. 10–22 Uhr | Eintritt frei

Ausstellung ganzjährig tägl.
10–18 Uhr | 5,50 € / 3,80 € /
Kinder von 6–18 Jahren 2,50 €

blau verfärbte Haut, eiskalte Hände und Füße, tief in den Höhlen liegende Augen. Binnen Stunden wurden aus Gesunden Sterbenskranke.

Die **Ursache der Krankheit** blieb lange unbekannt. Daher konnte man auch nichts gegen sie tun. So starben 1831 in Hamburg 498 und im folgenden Jahr 1652 Cholerakranke. Der nächsten Cholera-Epidemie 1848 fielen 1772 Hamburger zum Opfer, in den beiden Jahren darauf starben nochmals jeweils etwa 500 Menschen an der Seuche. Dabei muss man von einer hohen Dunkelziffer ausgehen, denn oft wurde – um keine Angst zu schüren – nicht Cholera, sondern »Brechdurchfall« diagnostiziert.

Generell scheuten sich die Behörden in Hamburg bei jeder Epidemie lange, die Krankheit beim Namen zu nennen. War doch der Hafen das wirtschaftliche Rückgrat der Stadt, und er wurde gemieden, sobald er als Cholera-Hafen bekannt war. Also ließen sie die Toten nachts begraben, damit die große Zahl nicht auffiel. Außerdem ordneten sie halbherzige Hygienemaßnahmen an. Exkremente sollten nicht in den Boden gelangen und ihn verseuchen, da viele Experten glaubten, dass Krankheiten quasi in der Erde steckten und in Form schlechter Ausdünstungen an die Oberfläche drangen. Dass fast ganz Hamburg sein **Trinkwasser** ungefiltert aus der Elbe bezog, in die selbstverständlich auch sämtliche Abwässer geleitet wurden, sah fast niemand als Problem an. Unbekümmert schöpfte man sogar im Hafen Trinkwasser, bediente sich auch aus der Alster und den Alsterkanälen, in die viele Nachttöpfe geleert wurden.

Immerhin eröffnete 1848 die sogenannte **Stadt-Wasserkunst** an der Elbe oberhalb der Stadt, in Rothenburgsort. Unter einer Wasserkunst verstand man ein System aus Schöpfwerk, Absetzbecken, Pumpwerk sowie Rohrleitungen, die Trinkwasser in die Stadt brachten. Zunächst waren nur einige Tausend Häuser an das Netz angeschlossen, doch bis 1890 floss Leitungswasser auf fast jedes Hamburger Grundstück. Mit heutigem Leitungswasser hatte das aber wenig gemein: Manch einer zog sogar einen lebenden Aal aus seinem Wasserhahn, kleine Fische und Schnecken waren an der Tagesordnung. Das Elbwasser wurde nämlich ungefiltert in die Leitungen gepumpt! Fast jedes der 1850er und 1860er Jahre wurde in Hamburg zum Cholera-Jahr.

Ganz anders in Berlin und im preußischen Altona, wo man das Flusswasser seit 1856 beziehungsweise 1859 durch Sandfiltration reinigte. Doch Samuel Samuelson, Direktor der Stadt-Wasserkunst, war noch 1880 davon überzeugt, dass der Weg über Absetzbecken das Wasser ausreichend von allem Schädlichen befreien würde.

Dann kam der Sommer 1892. Er war ungewöhnlich heiß, das Elbwasser erreichte eine Rekordtemperatur von 22 Grad. Inzwischen hatte sich in den Behörden des Deutschen Reichs Robert Kochs Überzeugung durchgesetzt, dass die Cholera von **Bakterien** verursacht wurde. Nur in Hamburg hielt man nichts von der Bakterien-Theorie und somit auch nichts von Wasser-Entkeimung durch Sandfiltration. Um die 600 000 Menschen bekamen das ungefilterte Elbwasser aus Rothenburgsort. Das änderte sich erst nach dem 23. August 1892, als den Berliner Behörden eine Cholera-Epidemie in Hamburg gemeldet wurde. Was nun folgte, war der größte Seuchen-Ausbruch im Hamburg des 19. Jahrhunderts: mindestens 8605 Menschen starben an der Cholera. **Robert Koch,** der eilig aus Berlin angereist war, berichtete: »Gestern bin ich den ganzen Tag unterwegs gewesen von einem Hospital zum anderen, im Hafen zu den Auswanderern und

Leider konnte die Wasserkunst anfangs wenig gegen die Choleraepidemien ausrichten – das Elbwasser wurde ungefiltert in die Leitungen gepumpt

auf die Schiffe. Es war mir zu Muth, als wanderte ich über ein Schlachtfeld. (...) Das ist die Cholera, die hier offenbar in ihrer fürchterlichsten Gestalt aufgetreten ist.«

Nun ging der bereits lang geplante Bau der **Sandfiltrationsanlage** im städtischen Wasserwerk auf der künstlichen Elbinsel Kaltehofe plötzlich ganz schnell. Schon im Frühjahr 1893 war sie betriebsbereit, noch bevor die Sommerhitze das Bakterienwachstum wieder anfachte. Und sie war erfolgreich: Nur im September 1893 kam es zu einigen Cholera-Fällen, nachdem versehentlich etwas ungefiltertes Elbwasser in die Leitungen geraten war.

Bis 1989 war die »Wasserkunst Kaltehofe« mit ihren 22 Filterbecken in Betrieb. Danach sank die Anlage mit ihren Schieberhäuschen, die wie romantische Türmchen zwischen den Becken hervorlugten, in einen Dornröschenschlaf. Engagierte Naturschützer und die Tatsache, dass der Boden von Industriegiften verseucht war, verhinderten 2003 die geplante Wohnbebauung des 44-Hektar-Areals.

Seit dem Spätsommer 2011 ist das zuvor hermetisch abgeriegelte Gebiet öffentlich zugänglich, aber einige Becken stehen als Biotope unter Naturschutz und sind weiterhin eingezäunt. Andere sind in das nagelneue **Erlebnismuseum** integriert, das auch für Kinder ein spannendes Ausflugsziel ist. Es

Heute ist die Wasserkunst Kaltehofe ein Erlebnismuseum für Groß und Klein

präsentiert im Gebäude des ehemaligen Laborgebäudes Exponate und Tondokumente zur Geschichte der Wasserkunst und im Beton-Neubau in einem der Becken eine Ausstellung über Hamburger Brunnen. Verbunden sind die beiden Museumsteile durch einen unterirdischen Gang mit von Wassergeräuschen inspirierten Klanginstallationen.

Cholera in Hamburg

2. Oktober 1831 Erster Cholera-Fall in Hamburg

1831/32 Über 2000 Cholera-Tote in der Stadt

1848 1772 Todesfälle, Eröffnung der »Stadt-Wasserkunst«

Bis 1890 sind fast alle Hamburger Grundstücke an das Wasserleitungsnetz angeschlossen

Spätsommer 1892 Mindestens 8605 Cholera-Tote in Hamburg

Frühjahr 1893 Sandfiltrationsanlage in Wasserkunst Kaltehofe betriebsbereit

1989 Stilllegung der Wasserkunst Kaltehofe

September 2011 Eröffnung des Naturparks und Museums im Industriedenkmal »Wasserkunst Kaltehofe«

GESCHICHTE

Wo die Neue Welt begann

Im Jahre 1913 verließen über 190 000 Menschen von Hamburg aus die Alte Welt, um in Übersee ein neues Leben zu beginnen. Nie zuvor hatte es einen so großen Andrang gegeben. Unter den Reisenden fanden sich in diesem Jahr vor allem Osteuropäer, vornehmlich Juden, die vor den Pogromen in ihren Heimatländern flohen. Die meisten von ihnen übernachteten in den **Auswandererhallen auf der Veddel,** welche die HAPAG (Hamburg-Amerikanische Packetfahrt-Actien-Gesellschaft) 1901 errichten ließ.

Die HAPAG war damals eine der größten Reedereien der Welt und beförderte die Emigranten mit ihren Schiffen nach Übersee. Das Auswandern über Hamburg war 1913 schon perfekt organisiert – quasi als Pauschalreise mit Anreise, Übernachtung in Hamburg, Ausreiseprozeduren und Schiffspassage nach Übersee.

Das war nicht immer so. Da nicht jeden Tag ein Schiff in die USA abfuhr, mussten die Menschen irgendwo in Hamburg übernachten. So hatten sich bereits im Laufe des 19. Jahrhunderts die sogenannten Logierhäuser oder Auswandererherbergen etabliert, die oft überfüllt und überteuert waren.

Blick auf die Auswandererstadt nach der Erweiterung 1906/07

Albert Ballin, ein Hamburger Reeder und ab 1886 Geschäftsführer der Passageabteilung der HA-

PAG, kannte diese Missstände durch seine frühere Tätigkeit in der väterlichen Auswanderer-Agentur sehr gut. Damit die Auswanderer, die oft kein Deutsch sprachen, komfortabler und preiswerter auf ihre Überfahrt warten konnten, errichtete die HAPAG daher bereits 1892 Baracken am **Amerikakai.**

Doch noch im gleichen Jahr drohte das Auswanderergeschäft zum Erliegen zu kommen, denn in Hamburg war die Cholera (▸ Seite 109) ausgebrochen. Schnell glaubte man durchreisende Osteuropäer als Überträger der Seuche identifiziert zu haben, sie durften Hamburg nicht mehr betre-

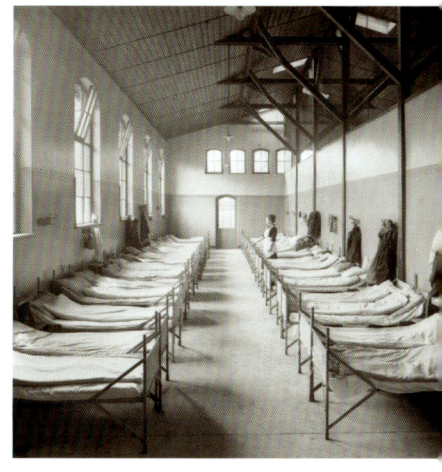

Die Schlafräume waren einfach, aber hell

ten. In langen, zähen Verhandlungen gelang es der HAPAG 1893 endlich, das Einreiseverbot für Osteuropäer wieder aufzuheben. Voraussetzung dafür war, dass sich die Auswanderungswilligen bereits an der Grenze des Deutschen Reichs ärztlich untersuchen ließen. Weitere Untersuchungen sowie Desinfektionsmaßnahmen folgten an Unterwegs-Bahnhöfen und in Hamburg.

Nun organisierte die Reederei auch die Anreise der Emigrationswilligen nach Hamburg inklusive aller Untersuchungen und der Unterbringung und Verpflegung bis zur Einschiffung. Reederei-Agenten im – meist osteuropäischen – Ausland verkauften Komplettpakete aus Schiffsticket, Bahnfahrkarte und Vollpension in den Baracken am Amerikakai.

Diese Baracken, mit Platz für etwa 1400 Menschen, erwiesen sich schon bald als zu klein für den Ansturm. Außerdem waren die sanitären Einrichtungen miserabel und die Hamburger spätestens seit der großen Cholera-Epidemie von 1892 nicht gut auf die meist armen Emigranten zu sprechen. So plante die HAPAG, deren Generaldirektor seit 1899 Albert Ballin hieß, an einem Vorort-Bahnhof in Hafennähe eine abgeschiedene Siedlung für die Emigranten, die auf ihre Schiffe warteten. 1901 konnte die

BallinStadt

Hamburg-Veddel | Veddeler Bogen 2 | (040) 3 19 79 16-0 | www.ballinstadt.de | S-Bahnhof Veddel (BallinStadt)

Öffnungszeiten November bis März tägl. 10–16.30 Uhr, April bis Oktober tägl. 10–18 Uhr, 12 € / 10 € / Kinder von 5–12 Jahren 7 €

Die Auswandererstadt bot nicht nur genügend Schlafplätze, sondern auch Verkaufsläden, einen Friseursalon und einen Musikpavillon (links)

GESCHICHTE

Auswandererhallen

Ab 1886 leitet Albert Ballin die Passageabteilung der Reederei HAPAG

1892 Eröffnung der HAPAG-Auswanderer-Baracken am Amerikakai

1899 Albert Ballin wird Generaldirektor der HAPAG

1901 Eröffnung der HAPAG-Auswanderer-Hallen auf der Veddel

1914–1918 Nutzung der Auswanderer-Hallen als Lazarett

1918 Ballin begeht Selbstmord

1934–1938 Die SS beschlagnahmt die Hallen

Bis 1945 Kriegsgefangenenlager

1945–1947 Die britische Besatzungsmacht nutzt die Hallen

1947–1962 Die Hallen dienen als Notunterkunft für Ausgebombte

1962 Fast vollständiger Abriss

2007 Eröffnung des Auswanderermuseums BallinStadt in rekonstruierten Hallen

Siedlung mit dem Namen »Auswandererhallen« auf der Veddel eröffnet werden.

Neben den Hallen mit – nach Geschlechtern getrennten – Schlafsälen gab es hier zwei Kirchen und eine Synagoge, bald kamen zwei Hotels und eine Quarantänestation hinzu. 1906 musste die Anlage aufgrund der vielen Gäste sogar erweitert werden. 1907 boten die dann dreißig Gebäude schließlich 5000 Personen zur gleichen Zeit Platz. Im Rekordjahr 1913 übernachteten 170 000 Emigranten in den Hallen! Von den insgesamt 190 000 Auswanderern hatten sich also nur 20 000 auf eigene Faust in Hamburg ein Quartier gesucht.

Die HAPAG hatte eine kleine Stadt errichtet, die in ihrer Art einzigartig war. Die hygienischen Verhältnisse waren gut, die Unterkünfte bezahlbar. Bäume und Grünanlagen verschönerten die Straßen. Für die Versorgung der Auswanderer war gesorgt. Es gab Verkaufsläden, einen Friseursalon und sogar einen Musikpavillon.

Insgesamt wurden von 1901 bis 1914 1,2 Millionen Menschen durch die Auswandererhallen geschleust. Doch mit Beginn des Ersten Weltkriegs war Schluss mit dem einträglichen Geschäft für die Reederei HAPAG, die Auswanderung kam fast zum Erliegen. Nun nutzte die Marine die Hallen als Lazarett. Albert Ballin musste die Zerstörung seines Lebenswerks mit ansehen. 1918 beging er Selbstmord.

In den 1920er Jahren wurden die HAPAG-Hallen wieder zu Quartieren für Auswanderer, nun überwiegend Deutsche. 1924 wurden »nur noch« 20 000 Übernachtungsgäste in den Auswandererhallen gezählt. Die Reederei verkleinerte und modernisierte kurz darauf die Anlage und benannte sie in »Überseeheim Hapag« um.

Durch die gravierenden Folgen der Weltwirtschaftskrise kam die europäische Emigration fast vollständig zum Erliegen. Die HAPAG übergab das Areal 1934 wieder der Stadt Hamburg, im gleichen Jahr übernahm die SS einen Teil der Hallen. Nebenan wurden die, die vor den Nazis nach Übersee fliehen wollten, untergebracht – bis zum 1. November 1934, als die SS den gesamten Gebäudekomplex beschlagnahmte. 1938 zog die SS aus, das Hauptgebäude und weitere Bauten machten nun einer neuen Straße Platz, der Wilhelmsburger Reichsstraße (in diesem Abschnitt heute Veddeler Straße). In den verbliebenen Hallen sperrte man im Zweiten Weltkrieg Kriegsgefangene ein.

Im Museum BallinStadt kann man sich auf die Spuren der Auswanderer begeben

Nach Kriegsende nutzte die britische Besatzungsmacht die Hallen, bis sie 1947 zu Unterkünften für ausgebombte Hamburger wurden. Anfang der 1960er Jahre erklärte man sie für unbewohnbar. 1962 wurden fast alle Gebäude abgerissen. Bis dahin gingen viele Veddeler sonntags in die Auswandererkirche. Nur der Pavillon Nr. 13/14 blieb stehen und beherbergte erst eine Autowerkstatt und später – bis zur Unkenntlichkeit umgebaut – ein Restaurant, das 2001 geschlossen wurde.

2007 eröffnete das Museum BallinStadt in drei nachgebauten Auswandererhallen. Konzipiert ist das Museum als moderne Erlebnisausstellung, und so belauscht man zu Beginn mehrere Auswanderer beim Tagebuch-Schreiben. Sie haben ganz unterschiedliche Wünsche und Ängste. Ob ihre Träume in Erfüllung gegangen sind, erfährt man am Ende der Ausstellung. Dazwischen liegt viel Sehenswertes, unter anderem ein nachgebautes Schiffsdeck und rekonstruierte Schlafsäle. In die Südfassade der Halle Nr. 3 wurden die Original-Ziegel des Pavillons 13/14, die die Jahrzehnte überlebt hatten, eingebaut.

Wo »Soul Kitchen« gedreht wurde

Soul-Kitchen-Halle

Hamburg-Wilhelmsburg | Industriestraße 101 | www.soul-kitchenhalle.de | Metrobus 13 ab S-Bahnhof Wilhelmsburg bis Haltestelle Veringstraße (Mitte)

Das auf einer riesigen Insel in der Elbe gelegene Wilhelmsburg hat es nicht immer leicht gehabt. Nach der verheerenden Sturmflut im Jahre 1962 war der tief gelegene Stadtteil von der Stadtplanung lange vernachlässigt worden. Seit mehr als einem Jahrzehnt fordern Politiker und Stadtplaner daher den **Sprung über die Elbe,** bemüht, das südlich der Elbe gelegene Wilhelmsburg sowie die Veddel und Harburg besser an die Innenstadt anzubinden. Dafür haben Architekten vor einigen Jahren sogar einmal ein spektakuläres Brückenbauwerk entworfen, die »Living Bridge«. Geplant war ein Bauwerk mit über tausend Wohnungen, das die Elbe von der HafenCity zum Kleinen Grasbrook überspannen sollte. Doch die Pläne verschwanden in den Schubladen.

Zwei Großveranstaltungen im Jahr 2013 sollen dem Sprung über die Elbe

2009 kam der Film über eine Kneipe in Wilhelmsburg in die deutschen Kinos

Beine machen: die **Internationale Bauausstellung** und die **Internationale Gartenschau.** Dafür wird gebag-

gert und gebaut, ursprünglich sollte sogar die Wilhelmsburger Reichsstraße verlegt werden. Der aufgehübschte Stadtteil beginnt, sein Gesicht zu verändern. Noch prägen türkische Kioske, Friseursalons und Imbissläden die Gegend, doch eröffnen in rascher Folge szenige Lokale. Wilhelmsburg gerät zusehends in den Fokus der Öffentlichkeit.

Auch im Kino wurde Wilhelmsburg schon in Szene gesetzt. 2009 diente die Soul-Kitchen-Halle in einem Wilhelmsburger Industriegebiet als Schauplatz für **Fatih Akıns** gleichnamige Komödie **Soul Kitchen.** Der griechischstämmige Adam Bousdoukos und der türkischstämmige Akın, der mit seinem mehrfach ausgezeichneten Film »Gegen die Wand« internationale Bekanntheit erlangte, haben gemeinsam das Drehbuch verfasst. Eine **Liebeserklärung an Hamburg,** die als eine Art modernes Märchen daherkommt. 2009 gewann der Film über das gleichnamige schäbige Restaurant und seine Besucher bei den Filmfestspielen in Venedig den Spezialpreis der Jury.

Im Film geht es rau und bisweilen dramatisch zu, aber auch Romantik und Ausgelassenheit kommen nicht zu kurz. Unter anderem treten auf: ein liebestoller Gastronom und sein krimineller Bruder, eine ätherische Oberschicht-Schöne, eine bodenständige Servierkraft, die einiges an Hochpro-

Die Soul-Kitchen-Halle war bis 2012 ein Ort für Kunst und Kultur

zentigem verträgt und illegal in der Speicherstadt wohnt, ein wegen Aufmüpfigkeit gefeuerter Spitzenkoch und ein türkischer Wunderheiler mit brachialen Methoden.

Das Hamburg der Tourismuswerbung blitzt nur ab und zu auf, die meisten Drehorte sind charmant heruntergekommene Ecken der Hansestadt. Viele davon waren zur Drehzeit bereits dem Abriss geweiht und existieren heute nicht mehr.

2012 musste nun auch die Soul-Kitchen-Halle ihre Türen schließen. Die

Fatih Akıns »Soul Kitchen«

Kneipen-Besitzer Zinos, gespielt von Adam Bousdoukos, hat einfach kein Glück. Seine Freundin Nadine verlässt ihn für einen Job in Shanghai, er er-

leidet einen Bandscheibenvorfall und nun krempelt der exzentrische Spitzenkoch Shayn, verkörpert vom exzentrischen Birol Ünel, auch noch seine Einfachst-Gaststätte ungefragt in einen Gourmettempel um. Die proletarischen Stammgäste sind mehr als irritiert. Zinos will Nadine nach China folgen und den Laden am liebsten loswerden. Doch plötzlich boomt das »Soulkitchen« dank Musik und der speziellen Speisekarte wie

nie zuvor. Als der Immobilienspekulant Thomas Neumann ihm das »Soulkitchen« günstig abkaufen möchte, um die Halle abzureißen und das Grundstück zu versilbern, entschließt sich Zinos dagegen und setzt seinen halbkriminellen Bruder Illias als Geschäftsführer mit allen Vollmachten ein. Er selbst macht sich auf den Weg zum Flughafen, um Nadine zu folgen. Doch dann kommt alles ganz anders.

an einem überwucherten Industriegleis gelegene Halle galt als Ort für Kunst und Kultur. Unter ihrem hohen Holzdach fanden seit 2010 nicht-kommerzielle Veranstaltungen statt, ab und zu war sie auch außerhalb der Veranstaltungen geöffnet.

Wie im Film spielt auch in Wirklichkeit die Finanzbehörde eine entscheidende Rolle. Sie will das Soul-Kitchen-Grundstück vermarkten, das der Stadt Hamburg gehört. Der Industriebetrieb, der bis 1964 hier gearbeitet hat, soll das Erdreich verseucht haben. Eine Bodensanierung steht an, nach dem geplanten Abriss der Halle – so schnell holt die Realität die Fiktion ein.

Wo Bunker aus der Elbe ragen

Finkenwerder war einst ein kleines Fischerdorf – und eine Insel. Doch nach der Sturmflut im Jahre 1962 wurden durch die Abdeichung der Süderelbe Landverbindungen geschaffen, so dass der kleine Stadtteil an der Unterelbe nun faktisch keine Insel mehr ist. Heute ist Finkenwerder ein Wohnviertel mit über 12 500 Menschen und Arbeitsstätte für die etwa 7500 Mitarbeiter der Daimler Chrysler Aerospace Airbus GmbH. Vom alten Finkenwerder hat sich allerdings noch so manches erhalten, wie die hübsche St. Nikolaikirche von 1881 und der nahe gelegene kleine Friedhof.

Wesentlich neuer, aber dennoch einen Ausflug wert ist auch der **Rüsch-park,** der in den 70er Jahren des 20. Jahrhunderts auf dem ehemaligen Gelände der **Deutschen Werft** angelegt wurde. Dort, wo man heute gemütlich spazieren gehen und ganz entspannt ein- und ausfahrende Schiffe beobachten kann, arbeiteten in den 1920ern über 6000 Menschen im Schiffbau.

Im Ersten Weltkrieg waren viele Schiffe zerstört worden, die nach Kriegsende rasch ersetzt werden mussten. In weiser Voraussicht hatte HA-PAG-Chef Albert Ballin (▸ Seite 114) schon 1917 zusammen mit AEG-Präsident Walter Rathenau in Finkenwerder bei Hamburg ebenfalls eine Werft gegründet, die sie »Hamburger Werft AG« nannten. Nebenan begann die Deutsche Werft im Sommer 1918 mit dem Schiffbau, 1920 fusionierte sie mit der Hamburger Werft. Bald darauf wurde das Werftgelände nach Westen verlagert, zwischen **Steendiekkanal** und **Rüschkanal.**

Ab 1936 boomte die Werft, die sich zuvor mühsam mit dem Bau von Frachtschiffen, Passagierschiffen und Arbeitsschiffen über Wasser gehalten hatte. Im selben Jahr hatten die Nazis einen Plan verabschiedet, nach dem Deutschland in vier Jahren kriegsfähig gemacht werden sollte. Dazu gehörte

Ein U-Boot vor dem Hochhaus der Deutschen Werft

natürlich eine Marine – nach dem verlorenen Ersten Weltkrieg hatte Deutschland seine Flotte extrem reduzieren müssen. Kriegsschiffe zu bauen und U-Boote zu besitzen hatten die Alliierten den Deutschen komplett verboten.

Mahnmal Fink II

Hamburg-Finkenwerder | An-
leger Rüschpark der HADAG-
Fähre | Linie 64

Doch nicht nur Kriegsschiffe, auch Militärflugzeuge wurden in der NS-Zeit in Finkenwerder gebaut: Blohm & Voss errichtete hier bis 1940 eine Flugzeugwerft, die Vorläuferin der heutigen Airbus-Werke. Als der Flugzeugbauer 2002 sein Werksgelände erweiterte, wühlten sich Bagger in den sumpfigen Grund am Rüschkanal und stießen dort auf Stahlbeton. Längst hatte man die **U-Boot-Bunkeranlage** vergessen, die nach dem Zweiten Weltkrieg nicht komplett gesprengt werden konnte. Zum Vorschein kamen die monströsen Überreste von fünf Kammern: dicke Betonwände und Reste der eingestürzten Decken.

Unter dem Tarnnamen **Fink II** hatte die Deutsche Werft die gepanzerte U-Boot-Werft betrieben, die bis zum Kriegsende 114 U-Boote baute oder ausrüstete. Für die härtesten Arbeiten setzte man KZ-Häftlinge ein, die ab Herbst 1944 auf dem Werftgelände wohnen mussten. An dieses **KZ-Außenlager** erinnert seit 1995 ein kleines Mahnmal im Rüschpark. Bei Flut lagen die Bunker-Boxen unter Wasser, und auch heute ist das gesamte Ausmaß von Fink II nur bei Ebbe zu sehen.

Überraschend stieß Airbus bei der Erweiterung seines Werksgeländes auf die Überreste der U-Boot-Bunkeranlage Fink II der Deutschen Werft

2006 gestalteten die Architektinnen Anja Bremer und Beate Kirsch die 110 Meter langen Bunkerreste in ein **Mahnmal und eine Gedenkstätte für**

die Opfer des Nationalsozialismus um. Sie ließen den Beton reinigen und zwischen den Wänden groben Schotter auffüllen. Am gegenüberliegenden Ufer ist ein Sportboothafen entstanden, in dem Boote über Slipanlagen zu Wasser gelassen werden können. Wer genau hinschaut, erkennt bei niedrigem Wasserstand im Beton der Slipbahnen die ineinandergreifenden Worte **ZEIT / erinnerung** beziehungsweise **RAUM / störung.**

In östlicher Richtung sieht man ein unscheinbares Nachkriegs-Hochhaus, das Verwaltungsgebäude der ehemaligen Deutschen Werft. Die meisten

> ### Deutsche Werft
>
> **1918** Gründung der Deutschen Werft
>
> **1920** Fusion Hamburger Werft und Deutsche Werft
>
> **ab 1936** Bau von Kriegsschiffen und Militärflugzeugen
>
> *Zweiter Weltkrieg* Errichtung eines KZ-Außenlagers
>
> **2002** Überraschender Fund der nicht gänzlich gesprengten U-Boot-Werft Fink II
>
> **2006** Umgestaltung der Bunkerreste zu einem Mahnmal

anderen Werftbauten wichen dem Rüschpark. Hier erinnern noch einige maritime Hinterlassenschaften an den Schiffbau, der das Gelände bis 1973 prägte. Zwanzig Jahre zuvor war die Deutsche Werft noch weltweit führend im Schiffbau gewesen, 1962 lief hier der elegante Stückgutfrachter **Cap San Diego** vom Stapel. Er liegt heute am anderen Elbufer und ist das größte zivile Museumsschiff der Welt, das noch fahrtüchtig ist. In einigen Kabinen kann man sogar übernachten (Tel (040) 36 42 09, www.capsandiego.de).

Wo Max Liebermann sein bekanntestes Bild malte

Hotel Louis C. Jacob

Hamburg-Nienstedten |
Elbchaussee 401–403 |
(040) 82 25 5-0 | www.hotel-
jacob.de | Bus 286 ab S-Bahn-
hof Othmarschen bis Haltestelle Parkstraße/Elbchaussee

Das Hotel Louis C. Jacob an der Elbchaussee in Nienstedten ist ein han-
seatisches Traditionshaus. Im April
1791 wurde es von dem Franzosen Daniel Louis Jacob eröffnet. Wenig später
legte er die berühmte Lindenterrasse
mit zunächst fünf Bäumen an.

Schnell entwickelte sich die Ausflugsgaststätte zu einem beliebten Res-
taurant. 1802 erhielt Jacob die königlich-dänische Schankkonzession. In der
zweiten Hälfte des 19. Jahrhunderts baute sein Enkel den Gasthof zu einem
Hotel aus. Zeitgenössische Berühmtheiten, wie der Kronprinz Friedrich Wilhelm oder der Reeder und Hapag-Direktor Albert Ballin (▶ Seite 114) ge-
hörten zu seinen Gästen.

Zu großer Bekanntheit gelangte das Hotel durch den Berliner Max Liebermann (1847–1935), der im Sommer 1902 im Louis C. Jacob zu Gast war und
dort eines seiner berühmtesten Gemälde malte – die »Terrasse im Restau-

rant Jacob in Nienstedten an der Elbe«. Liebermann weilte auf Einladung Alfred Lichtwarks (1852-1914), dem ersten Direktor der Hamburger Kunsthalle, im Hotel Jacob. Dieser wollte aktuelle Kunst in seinem Haus, und war fasziniert vom impressionistischen Malstil Liebermanns. Durch seine Technik der »Lichtflecken« wirkten die Bilder leicht und luftig – trotz des Millimeter dicken Ölfarb-Auftrags.

Heute ist das Ölgemälde, das auf zahlreichen Skizzen basiert, eines der bekanntesten Werke Max Liebermanns und Inbegriff des deutschen Impressionismus. Es schmückt Prospekte der Hamburger Kunsthalle, Fahrplanhefte der Deutschen Bahn und vieles andere. Kaum zu glauben, dass die sommerliche Szenerie noch 110 Jahre später fast unverändert existiert: Das Hotel Louis C. Jacob und seine Terrasse sehen wieder fast genauso aus wie im frühen 20. Jahrhundert.

An dergleichen war Anfang der 1920er Jahre gar nicht zu denken gewesen, denn dem Hotel standen einschneidende Veränderungen bevor. Nachdem Louis Carl Matthias Jacob das Familiengeschäft nicht übernommen hatte, pachteten ab 1925 verschiedene familienfremde Betreiber das Hotel. Nach dem Zweiten Weltkrieg wurde er in den Händen der britischen Besatzungsmacht zu einem Transit-Hotel für Offiziere. Anschließend diente das

Fast wie vor über 100 Jahren – die Terrasse des »Jacob« und seine blühenden Linden

Louis C. Jacob

1791 Daniel Louis Jacob kauft das Anwesen am Nienstedtener Elbhang

1. April 1791 Eröffnung eines Kaffeegartens, wenig später Anlage der Lindenterrasse mit zunächst fünf Baumreihen

12. Januar 1802 Gastwirt Dan. Louis Jacob erhält die königlich dänische Schankkonzession

1873 Übergabe an den Gründer-Enkel Louis Carl Jacob, der den Hotelbetrieb ausbaut

1922 Sein Sohn Louis Carl Matthias Jacob übernimmt das Familiengeschäft nicht

November 1925 Pachtvertrag für den Betrieb der »Louis Jacob GmbH« an Else und Albert Nibbes

Mai 1945 Das Jacob wird zum Transit-Hotel für Offiziere der britischen Besatzungsmacht, anschließend zum Kinderheim

September 1949 Wiedereröffnung durch die Pächter Ingeburg und Jürgen Parbs

1970 Versteigerung des Inventars und der Weinvorräte, wechselnde Pächter, sukzessiver Niedergang

26. Januar 1996 Neueröffnung durch Horst und Vera Rahe nach Komplettsanierung und Erweiterung

November 2011 Unter Küchenchef Thomas Martin erhält das Jacobs Restaurant zwei Michelin-Sterne

Gebäude kurzzeitig als Kinderheim. Doch 1949 wurde es schließlich von Ingeburg und Jürgen Parbs als Hotel wiedereröffnet.

In den 1960ern war das Louis C. Jacob wieder obenauf. Berühmtheiten, wie Erich Kästner, Hans Albers oder Henry Miller logierten im Hotel, das Geschäft florierte. Doch der Erfolg währte nur kurz. Familie Parbs verließ das Jacob. Das gesamte Inventar und die Weinvorräte wurden versteigert. Aus dem einstigen Vorzeigehaus sollte eine Spielbank werden.

Als diese Pläne scheiterten, gaben sich die Pächter die Klinke in die Hand, bis der ehemalige Familienbetrieb Ende der 1980er Jahre völlig heruntergewirtschaftet war. Nun musste etwas Grundlegendes geschehen, und es geschah auch.

Die neue Eigentümerfamilie Rahe dachte im großen Stil, kaufte benachbarte Gebäude dazu und begann mit der längst überfälligen Sanierung, bei der der historische Eiskeller und Teile der originalen Wandbemalung zum Vorschein kamen – auf Putz gemalte Flamingos in Phantasielandschaften.

1996 wurde das Hotel wiedereröffnet. In der prächtigen Wohnhalle ist seitdem ein Gemälde Liebermanns zu bewundern. Das Bild ist wahrscheinlich bei dem selben Hamburg-Aufenthalt entstanden und war Jahrzehnte lang verschollen. Es zeigt den Blick von der Hotel-Terrasse elbabwärts in Richtung Blankenese über den Strom und das damals noch unbebaute Ufer.

Heute ist das edle Fünf-Sterne-Ho-

tel mit seinem schönen Restaurant von dichter Bebauung umzingelt, auf der Elbchaussee vor dem Haus staut sich werktags der Berufsverkehr und der Blick von der wesentlich ruhiger gelegenen Terrasse über die Elbe stoppt an den Fabrikhallen der Airbus-Werke in Finkenwerder (▶ Seite 123).

Das Hotel Louis C. Jacob schmiegt sich mit seiner Terrasse an den Elbhang

Das damals ländliche Nienstedten ist längst von der Stadt Hamburg verschluckt, aber bis heute ist ein Besuch im Jacob etwas ganz Besonderes. Das wusste auch Robert Redford, der sich im Juli 2009 hier unter Ausschluss der Öffentlichkeit trauen ließ. Sibylle Szaggars, Redfords langjährige Freundin und nun zweite Ehefrau, ist gebürtige Hamburgerin.

Das berühmte Liebermann-Gemälde ist übrigens in der 1869 eröffneten Hamburger Kunsthalle zu bewundern, deren stilvolles Café nach dem großen Maler jüdischer Herkunft benannt ist. Kaum verwunderlich, verfügt doch das Hamburger Museum über die größte Liebermann-Sammlung weltweit (Glockengießerwall, Tel. (040) 42 81 31-200, www.hamburger-kunsthalle.de, Di–So 10–18, Do 10–21 Uhr).

Wo Kapitäne den Elbblick genossen

Gern ließen sie sich am Fenster abbilden. Betagte Kapitäne mit Rausche-bart und Tabakpfeife, den Blick auf die Elbe gerichtet. Hier am Fenster hoch überm Strom hatten jahrelang ihre Frauen gestanden und gewartet und ge-hofft, dass er wiederkommt.

Doch viele kehrten nicht heim. Seefahrt war lebensgefährlich zur Zeit der Segelschiffe, und das war die große Zeit der Blankeneser Kapitäne. Als die Dampfschiffe den Seglern den Rang abliefen (▸ Seite 10), war es schon fast vorbei mit der Blankeneser Schifffahrtstradition, die eigentlich eher zufällig begonnen hatte.

Die **Fischerei,** jahrhundertelang eine der Blankeneser Haupterwerbsquel-len, war mühsam geworden. Zu viele Reglementierungen, zu viel Konkur-renz. Erst auf der Elbe, dann auf der offenen See, wohin die Blankeneser mit ihren **Ewern** zum Fischfang ausliefen. Blankeneser Ewer waren einmastige Plattbodenschiffe aus Holz, etwa 15 Meter lang. Die Besatzung bestand aus zwei bis drei Seeleuten, die Ausstattung der Fangschiffe war einfach. Reich konnte so keiner werden, also begannen viele Fischer Frachten zu transpor-tieren. So kamen sie einfacher zu Geld als mit der elenden Plackerei beim Fischfang. Der hatten einige schon mit Strandräuberei zu entkommen versucht, indem sie gestrandete Schiffe plünderten. Mit gutem Erfolg zwar, aber ab und an lästigen juristischen Nachspielen. Auch als **Lotsen** hatten sich einige Blankeneser Fischer im Ne-benberuf betätigt. 1785 waren sie der Lotsenbrüderschaft von Övelgönne und Neumühlen (▸ Seite 100) beigetreten.

Heute ist Blankenese ein Nobelvorort. Nur ein paar hübsche, bescheidene Kapitänshäuser im Treppenviertel erin-nern noch an die Zeit der Seefahrer

Erfolgversprechender war aber der Einstieg in den **Frachtverkehr,** der ins Jahr 1795 datiert wird. 1806 wurden schon 28 Blankeneser Segelschiffe gezählt, die ausschließlich Fracht transportierten – unter dänischer Flagge, denn Blan-kenese gehörte damals zu Dänemark. Wegen der Kontinentalsperre, die bis 1814 dauerte, konnten die Frachtewer nur im Dänemark-Verkehr fahren. Nach deren Aufhebung waren Drontheim, St. Petersburg und Le Havre Zielhäfen der Blankeneser Kapitäne, die daneben auch nach Irland und Island segelten.

Rasch professionalisierte sich die Blankeneser Schifffahrt, die Schiffe wur-den größer, die Routen länger. Bedeutsam wurde der Zitrusfrüchte-Transport von Süditalien nach Hamburg, bei dem es auf Geschwindigkeit ankam, durf-ten doch die empfindlichen Früchte nicht an Bord verderben. 20 bis 40 Tage brauchte ein sogenannter »Fruchtjager«, ein besonders schnittiger Schiffstyp

für die Strecke von 2500 Seemeilen, also gut 4600 Kilometern. Allerdings nur dann, wenn nicht Eisgang auf der Elbe die wilde Fahrt stoppte. Dann waren die im Winter reifenden Früchte und der gute Gewinn dahin. 40 Blankeneser Frachtschiffe segelten um 1830 im Fruchtimport aus Italien! Auf dem Weg dorthin lud man meist Kohle in englischen Häfen.

Reeder und Kapitän waren in der Regel ein und dieselbe Person. Wohl und Wehe hingen also von einem einzigen Schiff ab. Kam es zu Schaden oder sank es gar, war die Familie mit einem Schlag arm, die Frau oft Witwe. Und das kam nicht selten vor: Zwischen 1820 und 1869 fanden 42 Prozent der Blankeneser Seeleute den Tod auf See. Dann musste sich die Witwe nach einer gewissen Trauerzeit einen neuen Ernährer suchen – der meist ebenfalls Seemann war. Und wieder musste sie bangen.

Ab Mitte des 19. Jahrhunderts wagten sich die Blankeneser auch auf Überseerouten, etwa nach Südamerika. Dafür wurden neue Schiffstypen entwickelt, Zwei- und Dreimaster mit unterschiedlicher Takelung. Gebaut wurden diese Segler auf weiter entfernten Werften, in Blankenese gab es keinen nennenswerten Schiffbau. 1842 segelten 1500 Blankeneser auf 243 Schiffen über die Meere – so gut wie jeder männliche Einwohner des kleinen Ortes. Die Blankeneser Handelsflotte war nun größer als die der Hamburger Konkurrenz!

Im späten 19. Jahrhundert begann der Siegeszug der Dampfschiffe, die teilweise zusätzlich noch über Segel verfügten. Nur wenige Blankeneser setzten auf die neue Technik, am erfolgreichsten war ab 1884 der Kapitän und Reeder **Matthias Struve.** Er fuhr im China-Geschäft und ließ bis 1906 nach und nach sieben Dampfschiffe bauen, die immer größer wurden. Für den Bau des nächstgrößeren Dampfers verkaufte er mindestens einen kleineren. Doch er war vom Pech verfolgt: Eins seiner Schiffe strandete 1905 an der chinesischen Küste, eins sank 1909 im Taifun und das zuletzt gebaute wurde im Ersten Weltkrieg in Bangkok festgehalten. Struve war ruiniert, die Blankeneser Frachtschifffahrt kurz darauf beendet. Blankenese entwickelte sich nun zu Hamburgs Nobelvorort, bereits seit etwa 1830 war es ein beliebtes Ausflugsziel.

Blankenese-Museum Teffpunkt Fischerhaus

Elbterrasse 6 (vom Strandweg auf Möllers Treppe der Beschilderung »Alten-Tagesstätte« folgen) | (040) 86 40 53 | www.blankenese.de/fischerhaus | Schnellbus 48 (zuschlagpflichtig) ab S-Bahnhof Blankenese bis Haltestelle Krögers Treppe (Fischerhaus)

Öffnungszeiten Mai bis Oktober jeden ersten Sonntag im Monat 14–17 Uhr oder nach Vereinbarung | Eintritt frei

Nur ein paar der recht bescheidenen Kapitänshäuser erinnern heute noch an Blankeneses große Seefahrttradition. Die hübschen Häuser sind überwiegend

Im Blankenese-Museum kann man ein historisches Tweehus aus der Zeit vor 1700 von Innen erkunden

im **Treppenviertel** zu finden und nur zu Fuß erreichbar. Beispiele sind die Häuser Mitteltreppe 2, Steiler Weg 12 und Op'n Kamp 24.

Das so genannte »Tweehus«, in dem sich damals zwei Fischerfamilien Küche und Diele teilten, nicht aber das Kochfeuer, erkennt man an den zwei Schornsteinen, die das Reetdach durchstoßen. Auch das »Dreehus« kommt vor, die Version für drei Familien. Das winzige **Blankenese-Museum** in einem historischen Dreehus aus der Zeit vor 1700 zeigt Mobiliar aus der Segelschiffzeit. Ein nachgebautes **Kapitänszimmer** kann Dienstag bis Sonntag, von 10 bis 17 Uhr, im Altonaer Museum für Kunst- und Kulturgeschichte (Museumstraße 23, Tel (040) 42 81 35 35 82, www.altonaermuseum.de) besichtigt werden. Mehrere historische Ewer liegen im Museumshafen Övelgönne (▶ Seite 100).

Wo Schiffe begrüßt werden

Schulauer Fährhaus

Wedel bei Hamburg | Parnaß-straße 29 | (04103) 92 00-0 | www.schulauer-faehrhaus.de | Bus 189 ab S-Bahnhof Wedel bis Haltestelle Wedel, Elb-straße

Öffnungszeiten Montag bis Freitag 11–23 Uhr, Samstag, Sonntag und an Feiertagen ab 9 Uhr

Blechern tönt die Durchsage aus den Lautsprechern am Elbufer. »Willkommen in Hamburg. Wir freuen uns, Sie in unserem Hafen begrüßen zu dürfen.« Und das fast 20 Kilometer vor dem Hafen, am Schulauer Fährhaus in Wedel. Seit über 60 Jahren geht das hier so, dazu wird Richard Wagners Melodie »Steuermann lass die Wacht« aus der Oper »Der fliegende Holländer« gespielt.

Damit beginnt das Ritual der Schiffsbegrüßung, jeden Tag um die 30 Mal. So oft passiert in der Zeit zwischen 9 und 20 Uhr ein Schiff, das sich auf Übersee-Fahrt befindet, mit einer Groß-Tonnage von mehr als 1000 den Hamburger Elbvorort. Jedes dieser »salutfähigen« Schiffe wird lautstark begrüßt und verabschiedet, nur nachts herrscht Ruhe.

Verantwortlich für den reibungslosen Ablauf sind die so genannten Begrüßungskapitäne, derzeit sechs ältere Herren, die sich der Schifffahrt verschrie-

ben haben. Sie sorgen umsichtig dafür, dass nach dem Hamburg-Lied die Nationalhymne des Landes, unter dessen Flagge das Schiff fährt, ertönt. Außerdem »dippen« sie die Hamburger Fahne am riesigen Fahnenmast, lassen sie also ein Stück hinunter. Das gilt unter Seeleuten als Respektbezeugung. Aber nur die wenigsten Schiffe, die vorbeifahren, erwidern das Flaggendippen. Dafür haben die ständig schrumpfenden Besatzungen vermutlich nicht die Muße, steht ihnen doch das Einlaufen in den Hamburger Hafen bevor.

Aber vielleicht hört der eine oder andere die Begrüßung, die nach der deutschen Version auch in der Sprache des Landes, unter dessen Flagge das Schiff fährt, abgespielt wird. Außerdem steigen am Fahnenmast zwei bunte Flaggen empor. Die eine zeigt zwei rote und zwei weiße Rechtecke, angeordnet wie auf dem Schachbrett. Sie steht im Flaggen-Alphabet für das U. Die andere steht für das W, hat einen blauen Rand und ein weißes Zentrum mit einem roten Rechteck in der Mitte. Kombiniert, in der Seefahrtsprache »U über W«, bedeuten sie »Gute Reise«.

Doch nicht nur die Schiffsbesatzungen hatte Otto Friedrich Behnke im Sinn, als er die Schiffsbegrüßungsanlage im Juni 1952, unter anderem mit einem Auftritt von Hans Albers, feierlich eröffnete. Sie sollte auch eine Attraktion für die Besucher seiner Gaststätte sein: das Schulauer Fährhaus.

In Wedel wird täglich jedes »salutfähige« Schiff über Lautsprecher willkommen geheißen – seit 1952

135

Kurz nach dem Krieg setzte Behnke auf Völkerverständigung. Zu dieser Zeit konnten sich nur die wenigsten eine Auslandsreise leisten, das Interesse an fernen Ländern war riesig. So träumte sich der eine oder andere sicher ganz weit weg, als die Daten zu Heimathafen, Route und Fracht des jeweiligen Schiffs durchgesagt wurden.

Möglichst viele Detailinformationen für die Gäste – bis heute ein Service der Begrüßungskapitäne. Oft trägt der »diensthabende« Ehrenamtliche noch eigene Beobachtungen oder Erfahrungen bei. Je nachdem, wer

Willkomm Höft

11. Juni 1952 Die Schiffsbegrüßungsanlage wird eröffnet

12. Juni 1952 Das japanische Schiff »Akagi Maru« wird als erstes Schiff begrüßt

1964 stirbt Gründer Otto Friedrich Behnke, seine drei Söhne übernehmen den Betrieb

2012 Das Schulauer Fährhaus wird nach einem Umbau neu eröffnet

GESCHICHTE

gerade am Mikrofon in der Glaskanzel links vom Eingang steht, kann das ziemlich unterhaltsam sein. Auch den persönlichen Kontakt mit den Gästen meiden die pensionierten Herren nicht. Nach der Schiffsbegrüßung oder –verabschiedung öffnen sie ihre Tür und manch ein Pensionär verrät augenzwinkernd, dass die eindrucksvolle Sammlung von Audiokassetten heute nur noch Raumschmuck ist. Alle 152 Nationalhymnen und Grußtexte sind schon seit vielen Jahren als Computerdateien vorrätig. Sollte der PC aber mal streiken, könnten sie jederzeit eine Kassette ins Tapedeck schieben.

Im Schulauer Fährhaus (Hintergrund) kann man gemütlich auf der Terrasse sitzen und die einfahrenden Schiffe bestaunen

In den vergangenen Jahren hatte das Interesse an dem weltweit bekannten Kuriosum etwas nachgelassen. Aber seit das Schulauer Fährhaus im Frühjahr 2012 rundum aufgefrischt von neuen Pächtern wieder eröffnet wurde, ist das Willkomm Höft auch wieder rundum attraktiv. Am Wochenende sollte man im Restaurant unbedingt einen Tisch reservieren. Lassen es die Temperaturen zu, können sogar die gut 500 Terrassenplätze knapp werden.

Literatur und Quellen

Alter Elbtunnel
Sven Bardua, Der alte Elbtunnel
Hamburg (Historische Wahrzeichen
der Ingenieurbaukunst in Deutschland, Bd. 8), Berlin 2011

Alsterdampfer St. Georg
Christian Müller, Alsterschiffahrt,
Hamburg 2002

Auswandererhallen auf der Veddel
Hans-Hermann Groppe/Ursula Wöst,
Über Hamburg in die Welt. Von den
Auswandererhallen zur BallinStadt,
Hamburg 2007; www.hmb-wiss-
stift.de; Hapag-Lloyd, Tor zur Neuen
Welt. Die Auswandererhallen der
Hapag auf der Veddel (Broschüre)

Blankenese
Nicole Tiedemann und Frauke Tietze,
Blankenese – ein Mythos, Husum
2002; Katharina Marut-Schröter und
Jan Schröter, Die Elbvororte Blanke-
nese, Rissen, Sülldorf Iserbrook im
Wandel I, Hamburg 1992; Maike und
Ronald Horst, Klönschnack. Stille
Häuser – Stürmische Geschichten.
Wissenswertes, Köstliches, Mörde-
risches aus 350 Jahren, Hamburg o.
J.; Ronald Gutberlet, Elbe abwärts.
Vom Fischmarkt unterwegs nach
Blankenese, Hamburg/Wien 2000;
www.blankenese.de/fischerhaus

Deutsches Schauspielhaus
Gerd Schlesselmann (Red.), 75 Jahre

Deutsches Schauspielhaus, Hamburg 1975; Kulturverführer Hamburg, Hamburg 2007 und 2010;
http://www.schauspielhaus.de/de_
DE/Geschichte

Elbphilharmonie
Till Briegleb, Eine Vision wird Wirklichkeit. Auf historischem Grund:
Die Elbphilharmonie entsteht,
Hamburg 2007; Hafencity Hamburg Projekte. Einblicke in die aktuellen Entwicklungen 14, Oktober
2010; Info-Broschüre Elbphilharmonie Hamburg, August 2011;
Sven-Michael Veit, »Eine gute Entscheidung«, in: taz 03.02.2012;
Gernot Knödler, Die Elbdisharmonie,
in: taz 04./05.02.2012

Eppendorfer Grillstation
www.wdr.de/tv/comedy/
sendungen/fernsehen/dittsche_
das_wirklich_wahre_leben/index.
jsp; de.wikipedia.org/wiki/Ditt-
sche (24.06.2012); http://www.
zeit.de/2004/48/dittsche/seite-1
(26.06.2012)

Finkenwerder
Ludwig Seyfarth, Till Briegleb,
U-Boot-Bunker, Köln 2006;
de.wikipedia.org/wiki/Deutsche_
Werft

Flughafen Fuhlsbüttel
Hamburger Abendblatt (Hg.), Hamburgs Tor zum Himmel. 100 Jahre Hamburg Airport, Hamburg 2010

Großer Grasbrook
Heiner Boehncke und Hans Sarkowicz, Störtebeker und Konsorten. Piraten in Nord- und Ostsee, Bielefeld 2010; Störtebeker-Statue zurück an ihrem Stammplatz, in: www.abendblatt.de, 28.10.2010; Diebstahl des Störtebeker-Schädels aufgeklärt, in: www.abendblatt.de, 02.06.2011

Hafenstraße
Carl-Heinz Mallet, Die Leute von der Hafenstraße. Über eine andere Art zu leben, Hamburg 2000; www.elb-blickfueralle.de

Hagenbecks Tierpark
Matthias Gretzschel/Klaus Gille/Michael Zapf (Fotos), Hagenbeck. Ein zoologisches Paradies, Hamburg 2007; www.hagenbeck.de

Hamburgs Große Freiheit
Markus Schreiber und Hans Walden, Zeitsprünge. Hamburg-St. Pauli, Erfurt 2008; Matthias Wegner, Hans Albers, Hamburg 2005; Michael Töteberg, Filmstadt Hamburg, hamburg 1997

Harrys Hamburger Hafenbasar
Sarah Cramer, Harrys Hafenbasar vor dem Aus? in: Hamburger Abendblatt 27.04.2011; Markus Schreiber und Hans Walden, Zeitsprünge. Hamburg-St. Pauli, Erfurt 2008; www.hafenbasar.de

Hotel Atlantic
Kurt Grobecker, 100 Jahre. Das Atlantic Hotel zu Hamburg 1909–2009. Hamburg 2009

Jüdischer Friedhof Altona
Michael Studemund-Halévy und Gaby Zürn, Zerstört die Erinnerung nicht. Der Jüdische Friedhof Königstraße in Hamburg, Hamburg und München 2004 (2.Aufl.)

Litfaßsäule am Ossietzky-Platz
Der lachende Drache. Stadtteilzeitung für St. Georg, Ausgaben 6/2008 und 3-4/2009; www.gw-stgeorg.de/vereine/Litfass/KruessPLakat02_09pdf; Bald wieder Blumen aus der Litfaßsäule?, in: Hamburger Abendblatt 22.12.2008

Louis C. Jacob
Kurt Grobecker, Louis C. Jacob. Zwei Jahrhunderte Restaurant- und Hotel-Geschichte, Hamburg 1996

Michel
Matthias Gretzschel, Das Gruftgewölbe unter dem Michel, Hamburg 2004; http://www.st-michaelis.de/

Millerntor-Stadion
René Martens, Niemand siegt am Millerntor. Die Geschichte des legendären St.-Pauli-Stadions, Göttingen 2008; Christoph Nagel und

Michael Pahl, FC St. Pauli. Der Verein und sein Viertel, Hamburg 2009; Thomas Metelmann und Hans Vinke, Kiez-Klub FC St. Pauli. Ein Kultverein und sein Stadtteil. festgehalten in 382 Abbildungen, Bremen 2009

Övelgönne
Ronald Gutberlet, Elbe abwärts. Vom Fischmarkt unterwegs nach Blankenese, Hamburg/Wien 2000; www.elbe-pilot.de

Rainvilleterrasse
Stadt Hamburg (Finanzbehörde), Neues Leben in die alte Seefahrtschule, in: www.hamburg.de 17.02.2011; Seefahrtschule: Filetstück mit Aussicht, in: www.abendblatt.de 25.09.2010; Daniel Wiese, Seefahrtsschule sieht Silberstreif, in: taz 09.07.2010; Peter Zerbe, Hamburg stellt die Kapitänsausbildung ein, in: Welt online 27.08.2001; Maja Abu Saman, Der Hamburger Seefahrtsschule droht das Aus, in: Welt online 29.09.1999; www.annaelbe.net; www.altona.info; www.brand-acad.com

Rote Flora
Karsten Dustin Hoffmann, »Rote Flora«. Ziele, Mittel und Wirkungen eines linksautonomen Zentrums in Hamburg, Baden-Baden 2011; Udo Pini, Zu Gast im alten Hamburg. Erinnerungen an Hotels, Gaststätten, Ausflugslokale, Ballhäuser, Kneipen, Cafés und Varietés, München 1995 (2.Aufl.); Thomas Ewald,

Status quo statt Samenbank, in: jungle world 18 vom 05.05.2011; Nina Hansen, Rote Flora: Besitzer gegen Besetzer, www.ndr.de/regional/hamburg/flora161.html; de.wikipedia.org/wiki/Rote_Flora (Stand: 16.04.2012)

Schellfischtunnel
Helmuth Barth, Hamburgs unbekannte Kulturdenkmäler. Hamburg 1997; www.hafenbahnhof.com; www.hamburgerunterwelten.de/schelfischtunnel-tdod-2010.html;

Schilleroper
Anke Rees, Die Schiller-Oper in Hamburg. Der letzte Zirkusbau des 19. Jahrhunderts in Deutschland, Hamburg 2010; Horst Königstein, Die Schiller-Oper in Altona, Frankfurt a. M. 1983; Aktivisten besetzen Schilleroper auf St. Pauli, in: www.abendblatt.de 01.10.2011

Schinkelplatz
Joachim Wehnelt, Der Platz der tausend Wünsche, in: Hamburger Abendblatt 06.08.2005; Michael Sontheimer, Fast ein Leben, in: taz 12.07.2010; Jochen Jung, Was von der Kindheit übrig blieb. Großartig: Hans-Georg Behr erzählt das Drama seines Lebens. In: Die Zeit 51/2002

Schmuckstraße
Lars Amenda, China in Hamburg, Hamburg 2011; Hanna Huhtasaari, Opium und Pils vom Fass, in: http://einestages.spiegel.de

26.01.2012; Irene Jung, »Es war keine abgeschirmte Chinatown«, in: Hamburger Abendblatt 25.01.2012; Irene Jung, Auf Spurensuche: Ein Stück China auf St. Pauli, in: Hamburger Abendblatt 26.01.2012; www.fremde-heimat.de; www.stolpersteine-hamburg.de

Speicherstadt

Harry Braun und Dorothée Engel, Vom Brook zur Speicherstadt, Erfurt 2010; Schümanns Hamburger, Die Speicherstadt, Band 1, Hamburg o. J., de.wikipedia.org/wiki/Speicherstadt (Version vom 18.06.2012)

Stadtcafé Ottensen

www.aber-online.de; www.rettet-das-hundertwasser-cafe-stadtcafe-ottensen.de; Axel Tiedemann, Politiker sehen sich »ausgetrickst«, in: Hamburger Abendblatt 10.06.2009; Gernot Knödler, Frist für Hundertwasser-Café, in: taz 02.08.2010; Kompromisslösung für Hundertwasser-Café beschlossen, in: Stadtteilreporter Blog Ottensen 14.12.2011 – präsentiert vom Hamburger Abendblatt; Elbe Wochenblatt, Endlich: Es tut sich was am Hundertwasser Café, http://www.elbe-wochenblatt.de/altona/lokales/endlich-es-tut-sich-was-am-hundertwasser-cafe-d9412.html (5. Juni 2012)

Star Club & Co

Spencer Leigh, Der Beginn einer Ära. The Beatles in Hamburg, Hamburg 2011; www.indramusikclub.com

Wasserkunst Kaltehofe

Richard J. Evans, Tod in Hamburg. Stadt, Gesellschaft und Politik in den Cholera-Jahren 1830–1910, Reinbek 1996; Schutzgemeinschaft Deutscher Wald, Landesverband Hamburg, Agenda 21 – Prozess Hamburg Kaltehofe, Hamburg 2005; www.veddel-rothenburgsort.de/rothenburgsort/download/kaltehofe.pdf; www.sdw-hamburg.de/elbinsel-kaltehofe

Wilhelmsburg

www.soul-kitchen-film.com; Jasmin Ramadan, Soul Kitchen. Der Geschichte erster Teil, München 2009; Matthias Rebaschus, Doch kein Abriss: Happy End für die Soulkitchen, in: www.abendblatt.de, 10.11.2011; www.iba-hamburg.de

Impressum

© via reise verlag Klaus Scheddel

Berlin 2012
Alle Rechte vorbehalten
ISBN 978-3-935029-53-7

Text & Recherche

Gudrun Maurer

Redaktion

Jessika Haack

Layout

Tanja Onken (via reise verlag)

Herstellung & Gestaltung

Tanja Onken (via reise verlag)

Umschlagkarte

Tanja Onken (via reise verlag)

Druck

Ruksaldruck, Berlin
Gedruckt auf FSC®-zertifiziertem Papier für
nachhaltige Waldbewirtschaftung

Liebe Leserinnen und Leser,

alle Angaben in diesem Reiseführer sind gewissenhaft ge-
prüft. Trotz gründlicher Re-
cherche können sich manchmal
Fehler einschleichen. Wir bit-
ten um Verständnis, dass der
Verlag dafür keine Haftung
übernehmen kann. Über Hin-
weise, Berichtigungen und Er-
gänzungsvorschläge freuen
wir uns.

via reise verlag
Lehderstraße 16–19
13086 Berlin
post@viareise.de
www.viareise.de

Fotonachweis

Gudrun Maurer, außer:
Torsten Bogdenand_pixelio.de 72; Elena
Chochkova 60; corazon international 122,
corazon international/Gordon Timpen
120, 122 (oben); Marlies Dülsen_pixe-
lio.de 131; Elbe & Flut/Thomas Ham-
pel 33; GeorgHH 76; Wolfgang Gutzeit_pi-
xelio.de 7; Hagenbeck-Archiv Hamburg
86; Haiefan_pixelio.de 43; Hajotthu 126,
129; Hapag Lloyd AG, Hamburg, Konzern-
kommunikation 114, 115, 116/117; HHLA
Hamburger Hafen und Logistik AG/Gustav
Werbeck 32; Hotel Atlantic Kempinski Hamburg 14; Hotel Louis C. Jacob 127; Michail
Jungierek_GNU 26; Pavel Krok 61; Pincerno
45; Poldi_pixelio.de 16; A. T. Schaefer
22; Olaf Schneider_pixelio.de 30/31;
Kerstin Schomburg 21; Schulauer Fährhaus
134/135; Bernd Sterzl_pixelio.de 27, 34,
35; Uchristi 97; UM 48; Wasserkunst Hamburg 109, 111; WDR/Mathias Bothor 83;
www.hamburg-bildarchiv.de 34, 79, 94,
105; Günter Zint/Panfoto 55, 64

Umschlagfoto vorn

Windenwärterhäuschen in der Speicherstadt (Olaf Schneider_pixelio.de)

Umschlagfoto hinten

Hong-Kong-Hotel (Gudrun Maurer)

Umschlagklappe vorn

Blankenese (Gudrun Maurer)

Die Urheber und Rechteinhaber an den
historischen Fotos sind nach bestem
Wissen ermittelt. Sollte in einzelnen Fällen
etwas übersehen oder falsch ermittelt
worden sein, bittet der Verlag um Kontakt-
aufnahme.

WENN